ドラえもん 5分でドラ語り
四字熟語ひみつ話

藤子・F・不二雄／原作
藤子プロ／キャラクター監修
深谷圭助／監修

JN242659

★小学館ジュニア文庫★

ドラえもん

おもな登場人物《とうじょうじんぶつ》

のび太《た》

野比《のび》のび太《た》。勉強《べんきょう》と運動《うんどう》は苦手《にがて》だけど、心《こころ》やさしい少年《しょうねん》。あやとりが得意《とくい》。

ドラえもん

のび太《た》の未来《みらい》を変《か》えるため二十二世紀《にじゅうにせいき》からやってきた、ネコ型《がた》ロボット。ドラやきが大好《だいす》きで、ネズミが苦手《にがて》。

パパ　ママ

のび太《た》の両親《りょうしん》。

しずか

源《みなもと》 静香《しずか》。のび太《た》があこがれているクラスメイト。おふろが大好《だいす》き。

ジャイアン

剛田武《ごうだたけし》。のび太《た》のクラスのガキ大将《だいしょう》。歌《うた》を歌《うた》うのが大好《だいす》きだけど、とても下手《へた》。

スネ夫《お》

骨川《ほねかわ》スネ夫《お》。のび太《た》のクラスメイト。家《いえ》がお金持《かねも》ち。

もくじ

◎言葉《ことば》の成《な》り立《た》ちに、いろいろな説《せつ》がある場合《ばあい》は、そのなかの一《ひと》つを取《と》り上《あ》げています。

四《よっ》つの文字《もじ》でいろいろな意味《いみ》を表《あらわ》す「四字熟語《よじじゅくご》」。生《う》まれた背景《はいけい》には、さまざまなエピソードがあるんだ。その深《ふか》い世界《せかい》を案内《あんない》するよ!
四《よ》字《じ》熟《じゅく》語《ご》博《は》士《かせ》

第《だい》一章《しょう》 中国《ちゅうごく》からきた四《よ》字《じ》熟《じゅく》語《ご》

以《い》心《しん》伝《でん》心《しん》

おまけ

四字熟語《よじじゅくご》クイズ①

宅配便《たくはいびん》や小包《こづつみ》などを送《おく》るとき、「大事《だいじ》なものなので、荷物《にもつ》をひっくり返《かえ》さないでください」というしるしとして「○○無用《むよう》」と書《か》かれたシールを貼《は》ることがあるよ。

次《つぎ》のうちのどれかわかるかな？

❶上下無用《じょうげむよう》
❷天地無用《てんちむよう》
❸問答無用《もんどうむよう》

答《こた》えは106ページにあるよ！

デンコーセッカ

フォアボール！
のび太《た》が出《しゅつ》るいするなんてめずらしい。
チャンスだ。
さあ——。
でっかいのかっとばすぞ。
ブルン
ブルン
ズガーン
ばかっ、早《はや》く走《はし》れ。
ダブルプレイ。
ぐず。
こいつ！
どじ。

ぼくは一生《いっしょう》けんめいやったのに……。
よしよし、かわいそうに。
ねえ、人《ひと》よりはやく動《うご》ける薬《くすり》ってないかしら。
あるけど……。
「デンコーセッカ」
DENKO SEK
ねだんが高《たか》いんだ、大事《だいじ》に飲《の》んでよ。
わかった。
ングッ ングッ ングッ
これではやく動《うご》けるの。
目《め》にも止《と》まらないほどはやく。
あら、こまったわ。
すぐ持《も》って来《こ》いと言《い》われても……。
どんなに急《いそ》いでも四十分《ぷん》は……。
もうすぐ会《かい》ぎが始《はじ》まるったって、
そんな大事《だいじ》な物《もの》をわすれたあなたが悪《わる》いのよ。

これを会社《かいしゃ》のパパへ。
ぼくがとどけるの。
走《はし》って。
あっ、らくらくと走《はし》れるぞ。
すごい!
いくらでもスピードが出《だ》せる。
たのむからタクシーをとばしてとどけてくれえ。
もしもし、ママ。
ぼく、のび太《た》。
今《いま》、パパの会社《かいしゃ》。
書《しょ》るいはちゃんととどけたよ。
こんなに走《はし》っても、
ちっともつかれない。

どけどけ!
どうしたの。
ビューー
ガシャーン
スピードの出《だ》しすぎはあぶないよ。
べえ。
このやろ。
ブウン
ヒョイ

ポン
ドカ
気《き》がすんだ。
どう、デンコーセッカはすごいだろ。
すごいねえ。
このはやさで、もっとなにかおもしろいことできないかな。
プルーン
そうだ。
竹《たけ》とんぼの羽根《はね》みたいに、
両手《りょうて》をこう、ひねって……。
す早《ばや》く回《まわ》る。

わあ、とんだとんだ。
まあ、おもしろそう。
ぼくらも薬《くすり》を飲《の》んでとぼう。
ドラえもんは手《て》が丸《まる》いからむりなんだね。

電《でん》光《こう》石《せっ》火《か》

四字熟語《よじじゅくご》がひみつ道具《どうぐ》になった！

まんがのなかで、のび太《た》くんが「デンコーセッカ」を飲《の》んだら、動《うご》きがとてもすばやくなったね。この薬《くすり》は、飲《の》むと、四字熟語《よじじゅくご》の**「電光石火《でんこうせっか》」**のようになるんだ。

四字熟語《よじじゅくご》というのは、字《じ》のとおり、四《よっ》つの漢字《かんじ》が組《く》み合《あ》わさった熟語《じゅくご》のこと。短《みじか》いけれど、その四文字《よんもじ》のなかに、深《ふか》い意味《いみ》がかくされているんだよ。

では、「電光石火《でんこうせっか》」の意味《いみ》を見《み》てみよう。

「電光《でんこう》」というのは、かみなりの光《ひかり》のこと。そして「石火《せっか》」というのは、火打《ひう》ち石《いし》という石《いし》で出《だ》す火花《ひばな》のことだ。昔《むかし》、マッチやライターがなかった時代《じだい》には、火打《ひう》ち石《いし》をカチカチと鉄《てつ》などに打《う》ちつけて火花《ひばな》を出《だ》し、それで火口《ほくち》という、木《き》や草《くさ》などを焼《や》いてつくった炭《すみ》の粉《こな》などを燃《も》やして、火《ひ》をつけていたんだよ。

かみなりの光《ひかり》も火花《ひばな》も、光《ひか》った直後《ちょくご》に消《き》えてしまうね。だから、この二《ふた》つの言葉《ことば》を組《く》み合《あ》わせて、かみなりや火花《ひばな》が光《ひか》るぐらいにすばやい、という意味《いみ》を表《あらわ》す言葉《ことば》になったんだ。

たとえば、このまんがのエピソードを文章《ぶんしょう》にすると、

「のび太《た》は電光石火《でんこうせっか》の早業《はやわざ》でジャイアンをやっつけた」

というふうに、使《つか》うことができる。

また、「電光石火《でんこうせっか》」には、とても短《みじか》い時間《じかん》、という意味《いみ》もあるんだ。

「遠足《えんそく》のとき、おべんとうをカラスに取《と》られた。電光石火《でんこうせっか》の出来事《できごと》だった」

というような使《つか》い方《かた》もするよ。

四字熟語《よじじゅくご》はことわざと同《おな》じように、ふだんの生活《せいかつ》のなかで、とてもよく使《つか》われるものだ。

だから、四字熟語《よじじゅくご》をたくさん知《し》っていると、大人《おとな》の会話《かいわ》がもっと理解《りかい》できるようになるし、
このまんがのように「デンコーセッカ」というひみつ道具《どうぐ》が出《で》てきたとき、これは「電光《でんこう》石火《せっか》」がもとになっているんだなとわかるね。

また、自分《じぶん》で使《つか》えば、簡単《かんたん》な言葉《ことば》で深《ふか》い意味《いみ》を表《あらわ》すことができるし、かっこいいよね。

昔《むかし》からよく使《つか》われてきた四字熟語《よじじゅくご》は、中国《ちゅうごく》でできたものが多《おお》いんだよ。なぜなら、もと

もと漢字《かんじ》は、中国《ちゅうごく》から日本《にっぽん》に伝《つた》わったものだからだ。

大昔《おおむかし》の日本《にっぽん》には、今《いま》のような文字《もじ》はなくて、四世紀《よんせいき》（西暦《せいれき》三〇一～四〇〇年《ねん》）ごろに、中国《ちゅうごく》から漢字《かんじ》が伝《つた》わったといわれているんだ。今《いま》ではふつうに使《つか》っている、ひらがなやかたかなは、漢字《かんじ》の形《かたち》が変化《へんか》して生《う》まれたものなんだよ。

日本《にっぽん》には、漢字《かんじ》以外《いがい》にも、さまざまな文化《ぶんか》や技術《ぎじゅつ》が中国《ちゅうごく》から伝《つた》わった。中国《ちゅうごく》で生《う》まれたもののほかにも、インドで生《う》まれた仏教《ぶっきょう》やヨーロッパで生《う》まれた技術《ぎじゅつ》なども、その多《おお》くは中国《ちゅうごく》を通《とお》して日本《にっぽん》に伝《つた》わってきたんだ。

昔《むかし》の日本人《にほんじん》は、中国《ちゅうごく》の本《ほん》を読《よ》んでいろいろな勉強《べんきょう》をしたんだよ。だから、その本《ほん》のなかから、印象《いんしょう》に残《のこ》る言葉《ことば》を、自分《じぶん》たちの生活《せいかつ》に取《と》り入《い》れて使《つか》うようになったんだね。

「電光石火《でんこうせっか》」も、中国《ちゅうごく》の『五灯会元《ごとうえげん》』という、今《いま》から八百年近《はっぴゃくねんちか》く前《まえ》に書《か》かれた仏教《ぶっきょう》の本《ほん》のなかの、「石火《せっか》を撃《う》つように、電光《でんこう》がひらめくように」という言葉《ことば》からきたものなんだ。

この「電光石火《でんこうせっか》」とよく似《に》た意味《いみ》の四字熟語《よじじゅくご》に、**「疾風迅雷《しっぷうじんらい》」**がある。「疾風《しっぷう》」ははげしい風《かぜ》、「迅雷《じんらい》」ははげしい雷《かみなり》という意味《いみ》で、すばやくてはげしい様子《ようす》を表《あらわ》す言葉《ことば》だ。

なんだかかっこいい四字熟語《よじじゅくご》だけど、これも、中国《ちゅうごく》の本《ほん》からきたものだよ。

こちらは、『礼記《らいき》』という儒教《じゅきょう》の本《ほん》のなかに出《で》てくる言葉《ことば》だ。儒教《じゅきょう》というのは中国《ちゅうごく》で生《う》まれた思想《しそう》で、この思想《しそう》の本《ほん》からは、とてもたくさんの四字熟語《よじじゅくご》が生《う》まれているんだよ（78、82ページも見《み》てね）。

この章《しょう》では、おもに中国《ちゅうごく》の本《ほん》からできた四字熟語《よじじゅくご》と、その四字熟語《よじじゅくご》が生《う》まれた背景《はいけい》にある物語《ものがたり》を見《み》ていくよ。

どれもよく使《つか》われるものだから、覚《おぼ》えて使《つか》ってみてね。

電光石火《でんこうせっか》

ひじょうに短《みじか》い時間《じかん》、または、動作《どうさ》や振舞《ふるま》いがとてもすばやいことのたとえ。

朝《ちょう》三《さん》暮《ぼ》四《し》

どっちが得《とく》か、よ～く考《かんが》えよう

きみたちがケーキ屋《や》さんに行《い》ったとき、ケーキが一《いっ》こ三百円《さんびゃくえん》だったとしよう。そのとき、「五《ご》こ入《い》り・千五百円《せんごひゃくえん》」と書《か》かれた箱《はこ》があると、「え、五《ご》こ入《い》りのほうが得《とく》かも」と思《おも》ってしまったりしないかな？　でも、よく考《かんが》えると、どちらも同《おな》じだよね。

こんなふうに、結局《けっきょく》は同《おな》じなのに気《き》がつかないでだまされることをいう四字熟語《よじじゅくご》が、**「朝三暮四《ちょうさんぼし》」**だ。これは、中国《ちゅうごく》のおもしろいお話《はなし》から生《う》まれた言葉《ことば》だよ。

今《いま》から二千四百年《にせんよんひゃくねん》ぐらい前《まえ》の、中国《ちゅうごく》の戦国時代《せんごくじだい》のこと。宋《そう》という国《くに》に、狙公《そこう》と呼《よ》ばれる人《ひと》がいた。狙《そ》とはサルのこと。サルをたくさん飼《か》っていて、気持《きも》ちが通《つう》じ合《あ》っていた。

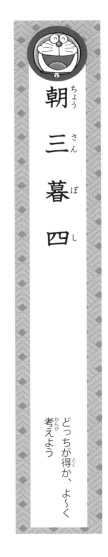

狙公《そこう》は自分《じぶん》の食事《しょくじ》を減《へ》らしてまでも、サルにエサをあげていたんだ。

だけど、狙公《そこう》は貧乏《びんぼう》になってしまった。そこで、サルのエサを少《すく》なくしようと思《おも》ったのだけど、なついているサルたちにきらわれたくない。

狙公《そこう》はサルに言《い》った。

「おまえたちに、エサのドングリをあげるとき、朝《あさ》に三《みっ》つ、夕方《ゆうがた》に四《よっ》つにしようと思《おも》うんだけど、どうだろう」

すると、サルたちがおこりだした。そこで今度《こんど》は、

「では、朝《あさ》に四《よっ》つ、夜《よる》に三《みっ》つにしようか」

すると、サルたちは、みんなひれ伏《ふ》して喜《よろこ》んだというんだ。

みんなは気《き》がついたと思《おも》うけど、朝三《あさみっ》つ、夕方四《ゆうがたよっ》つでも、朝四《あさよっ》つ、夕方三《ゆうがたみっ》つでも、どちらも一日七《いちにちなな》つで同《おな》じだよね。でも、サルたちは、朝《あさ》にたくさんもらえるという目先《めさき》の利益《りえき》にまどわされてしまったんだね。

「朝三暮四《ちょうさんぼし》」とは、このサルたちのように、目先《めさき》の利益《りえき》にとらわれて同《おな》じことだと気《き》がつかないという意味《いみ》で、少《すこ》し人《ひと》をバカにするようなときに使《つか》われるよ。

また、この狙公《そこう》のように、口先《くちさき》で人《ひと》をだますという意味《いみ》もあるんだ。

この話《はなし》は、中国《ちゅうごく》の『荘子《そうじ》』という本《ほん》と『列子《れっし》』という本《ほん》の両方《りょうほう》にのっているものだ。

どちらも、中国《ちゅうごく》の道教《どうきょう》という宗教《しゅうきょう》について書《か》かれた本《ほん》で、紀元前四世紀《きげんぜんよんせいき》（西暦《せいれき》一年《ねん》より四〇〇〜三〇一年前《ねんまえ》）ごろのものといわれている。今《いま》から二千四百年《にせんよんひゃくねん》ぐらい前《まえ》に書《か》かれた話《はなし》から生《う》まれた四字熟語《よじじゅくご》が、今《いま》でも生《い》きて使《つか》われているなんて、すごいよね。

四字熟語《よじじゅくご》には、このような古《ふる》い時代《じだい》に生《う》まれたものが、ほかにもたくさんあるよ。

ところで、「朝三暮四《ちょうさんぼし》」とまったくちがう意味《いみ》だけど、パッと見《み》ると似《に》ていて、まちがえやすい四字熟語《よじじゅくご》がある。それは、**「朝令暮改《ちょうれいぼかい》」**という言葉《ことば》。

これは、『漢書《かんじょ》』という、西暦《せいれき》八〇年《ねん》ごろに書《か》かれた本《ほん》の話《はなし》から生《う》まれた言葉《ことば》だよ。

中国《ちゅうごく》の漢《かん》という国《くに》の政治家《せいじか》が、当時《とうじ》の皇帝《こうてい》に、農民《のうみん》の生活《せいかつ》がどんなに苦《くる》しいかを、次《つぎ》のような文書《ぶんしょ》でうったえたという。

「農民《のうみん》たちは、一年中休《いちねんじゅうやす》みがなく、客《きゃく》の送《おく》り迎《むか》え、病気《びょうき》のお見舞《みま》いや亡《な》くなった人《ひと》のお悔《く》やみ、子供《こども》の養育《よういく》など自分《じぶん》の仕事《しごと》もあります。こんなに苦労《くろう》しているのに、さらに日照《ひで》りや水害《すいがい》などの災害《さいがい》もあります。そのうえ、役人《やくにん》からは急《きゅう》に税《ぜい》をおさめろと言《い》われることがあり、朝《あさ》に出《で》た法令《ほうれい》が夕方《ゆうがた》には改《あらた》められるということもあるのです」

この最後《さいご》の部分《ぶぶん》が「朝《あした》に令《れい》してしかも暮《く》れに改《あらた》む」というもので、「朝令暮改《ちょうれいぼかい》」となった。そして、命令《めいれい》や指示《しじ》がすぐに変《か》わって、当《あ》てにならないという意味《いみ》を表《あらわ》す言葉《ことば》になったんだよ。

このように、「朝三暮四《ちょうさんぼし》」と「朝令暮改《ちょうれいぼかい》」は、「朝《ちょう》」と「暮《ぼ》」という文字《もじ》が同《おな》じなので混同《こんどう》されがちだけど、まったくちがうものだよ。

でも、どちらもあまりいい意味《いみ》では使《つか》われないんだ。両方《りょうほう》とも、自分《じぶん》に当《あ》てはまらないようにしたい、四字熟語《よじじゅくご》だね。

朝三暮四《ちょうさんぼし》

目《め》の前《まえ》のちがいにとらわれて、結局《けっきょく》は同《おな》じであると知《し》らないこと。また、口先《くちさき》でだますこと。

画《が》竜《りょう》点《てん》睛《せい》

絵《え》が本物《ほんもの》になったふしぎな話《はなし》だよ

中国《ちゅうごく》では昔《むかし》から、たくさんのいろいろな国《くに》が生《う》まれては消《き》えていった。前《まえ》の項目《こうもく》で出《で》てきた、宋《そう》や漢《かん》もその一《ひと》つ。その漢《かん》の時代《じだい》の後《あと》、三国時代《さんごくじだい》といわれていた時代《じだい》のお話《はなし》だよ。

梁《りょう》という国《くに》に、張僧繇《ちょうそうよう》という有名《ゆうめい》な画家《がか》がいた。

ある日《ひ》、張僧繇《ちょうそうよう》が、金陵《きんりょう》というところにある安楽寺《あんらくじ》の壁《かべ》に、四匹《よんひき》の竜《りゅう》の絵《え》を描《か》いた。でも、竜《りゅう》の瞳《ひとみ》（黒目《くろめ》）が描《か》かれていなかったんだ。その理由《りゆう》を張僧繇《ちょうそうよう》は、

「瞳《ひとみ》を描《か》き入《い》れると、竜《りゅう》はすぐに飛《と》び去《さ》ってしまうのだ」

と、言《い》っていた。

まわりの人々《ひとびと》は、そんなことがあるはずないだろうと言《い》い、張僧繇《ちょうそうよう》に、竜《りゅう》の瞳《ひとみ》を描《か》き入《い》れるようにたのんだ。そして、四匹中二匹《よんひきちゅうにひき》の竜《りゅう》に、瞳《ひとみ》が描《か》かれたんだ。

すると、たちまち雷《かみなり》が落《お》ちてお寺《てら》の壁《かべ》がこわれ、瞳《ひとみ》を描《か》き入《い》れた二匹《にひき》の竜《りゅう》は、雲《くも》に乗《の》って、天《てん》にのぼっていったのだった。

瞳《ひとみ》を描《か》かれなかった残《のこ》る二匹《にひき》の竜《りゅう》の絵《え》は、今《いま》も安楽寺《あんらくじ》の壁《かべ》に残《のこ》っているというよ。

このエピソードは、『歴代名画記《れきだいめいがき》』という書物《しょもつ》に書《か》かれているものだ。絵《え》が本物《ほんもの》になって天《てん》にのぼるなんて、もちろん本当《ほんとう》のことではないだろう。でも、張僧繇《ちょうそうよう》という人《ひと》が、それほどすばらしい画家《がか》だったということを表《あらわ》しているんだね。

この話《はなし》から、**「画竜点睛《がりょうてんせい》」**という言葉《ことば》が生《う》まれたんだ。「睛《せい》」は「瞳《ひとみ》」という意味《いみ》で、竜《りゅう》の画《え》（絵《え》）に瞳《ひとみ》を点《てん》ずる（描《か》き入《い》れる）ということだよ。

そして、「画竜点睛《がりょうてんせい》」とは、物事《ものごと》の最後《さいご》の大事《だいじ》な仕上《しあ》げや、とても大事《だいじ》な部分《ぶぶん》のことをいう言葉《ことば》として使《つか》われるようになったんだ。

また、この言葉《ことば》は**「画竜点睛《がりょうてんせい》を欠《か》く」**という言《い》い方《かた》でもよく使《つか》われる。

これは、「ここさえちゃんとしていればいいものができるのに……」というときの言葉《ことば》で、物事《ものごと》のいちばん大切《たいせつ》なところが欠《か》けているときや、最後《さいご》の仕上《しあ》げを忘《わす》れているときに使《つか》われるよ。たとえば、作文《さくぶん》を書《か》いたとき、

「せっかく上手《じょうず》に書《か》けているのに漢字《かんじ》をまちがえている。画竜点睛《がりょうてんせい》を欠《か》くだね」

と、先生《せんせい》に言《い》われたら、最後《さいご》までていねいにやろうね、ということだよ。

ところで、竜《りゅう》というのは空想上《くうそうじょう》の動物《どうぶつ》だけど、中国《ちゅうごく》では、皇帝《こうてい》のシンボルとなるような、強《つよ》くてりっぱな、神《かみ》の使《つか》いともいわれるものなんだ。竜《りゅう》は、ふだんは深《ふか》い湖《みずうみ》の底《そこ》や山《やま》の中《なか》、地中《ちちゅう》などにすんでいるけど、天《てん》にのぼって自由《じゆう》に飛《と》ぶこともできるという。

そんな「竜《りゅう》」という字《じ》が使《つか》われる四字熟語《よじじゅくご》は、ほかにもたくさんあるよ。

たとえば、**「竜頭蛇尾《りゅうとうだび》」**という言葉《ことば》。竜《りゅう》の頭《あたま》にヘビのしっぽ（尾《お》）ということで、最初《さいしょ》は勇《いさ》ましくてりっぱだけど、最後《さいご》はさえなくなるという意味《いみ》だ。つまり、頭《あたま》でっかちしりつぼみということだけど、竜《りゅう》はりっぱなものの代表《だいひょう》として使《つか》われているんだね。

また、三文字熟語《さんもじじゅくご》だけど、**「登竜門《とうりゅうもん》」**という言葉《ことば》を聞《き》いたことはないかな。

「このコンクールは、お笑《わら》い芸人《げいにん》の登竜門《とうりゅうもん》だ」

など、出世《しゅっせ》や成功《せいこう》をするための大事《だいじ》な場面《ばめん》を言《い》うときに使《つか》われるよ。

これは、中国《ちゅうごく》の黄河《こうが》という大《おお》きな川《かわ》の「竜門《りゅうもん》」という場所《ばしょ》からきた言葉《ことば》。「竜門《りゅうもん》」は流《なが》れのはげしい滝《たき》のような急流《きゅうりゅう》で、川《かわ》をさかのぼってきた魚《さかな》の鯉《こい》が、この竜門《りゅうもん》を登《のぼ》りきることができたら竜《りゅう》になって天《てん》にのぼる、という言《い》い伝《つた》えから生《う》まれたものなんだ。

鯉《こい》が出世《しゅっせ》したら竜《りゅう》になるということだから、やっぱり竜《りゅう》はすごいんだね。

ちなみに、この登竜門《とうりゅうもん》の伝説《でんせつ》からは、**「鯉《こい》の滝登《たきのぼ》り」**という、立身出世《りっしんしゅっせ》を表《あらわ》すことわざも生《う》まれている。こどもの日《ひ》の「こいのぼり」は、この「鯉《こい》の滝登《たきのぼ》り」をもとにしてできたもので、江戸時代《えどじだい》に武士《ぶし》の家《いえ》で男子《だんし》の立身出世《りっしんしゅっせ》を願《ねが》ってかざられたのが始《はじ》まりなんだ。

一《ひと》つの話《はなし》から、中国《ちゅうごく》と日本《にっぽん》で別《べつ》の言葉《ことば》が生《う》まれるなんて、おもしろいね。

画竜点睛《がりょうてんせい》

物事《ものごと》の中心《ちゅうしん》となる大切《たいせつ》なところ。また、最後《さいご》に大切《たいせつ》な部分《ぶぶん》を付《つ》け加《くわ》えて、物事《ものごと》を完全《かんぜん》に仕上《しあ》げること。

まちがいはどこ？
先生《せんせい》、習字《しゅうじ》のお題《だい》書《か》けました!!
まさに画竜点睛《がりょうてんせい》を欠《か》くだな。1か所《しょ》まちがえているぞ。
画竜
点晴
野比のび犬
え？
どこが間違《まちが》いかわかるかな？

※答《こた》えは31ページにあるよ。

天《てん》衣《い》無《む》縫《ほう》

織姫《おりひめ》さまのもう一《ひと》つの恋物語《こいものがたり》

七夕《たなばた》の織姫《おりひめ》と彦星《ひこぼし》の伝説《でんせつ》は知《し》っているよね。

織姫《おりひめ》さまは、天帝《てんてい》（神様《かみさま》）の娘《むすめ》だ。とても美人《びじん》で働《はたら》き者《もの》、いつも機織《はたお》り（機織《はたお》り機《き》で糸《いと》を織《お》って布《ぬの》をつくること）をしていた。天帝《てんてい》は働《はたら》いてばかりの娘《むすめ》を心配《しんぱい》して、牛飼《うしか》いの彦《ひこ》星《ぼし》と結婚《けっこん》させた。彦星《ひこぼし》も、いつも牛《うし》の世話《せわ》をして働《はたら》く、まじめな若者《わかもの》だったんだ。

二人《ふたり》はとてもなかよく幸《しあわ》せに暮《く》らした。でも、なかがよすぎて、結婚《けっこん》してからは遊《あそ》んでばかり。二人《ふたり》ともあまり働《はたら》かなくなってしまったんだ。

これにおこった天帝《てんてい》は、二人《ふたり》をむりやり天《あま》の川《がわ》の両岸《りょうぎし》に引《ひ》きはなしてしまった。

二人《ふたり》は、とてもなげき悲《かな》しんで泣《な》き暮《く》らし、ますます仕事《しごと》をやらなくなったんだ。

困《こま》った天帝《てんてい》は、二人《ふたり》に言《い》った。

「では、おまえたちがまじめに働《はたら》くならば、年《ねん》に一度《いちど》は会《あ》えるようにしてやろう」

こうして、年《ねん》に一度《いちど》、七月七日《しちがつなのか》には、天《あま》の川《がわ》をわたって二人《ふたり》は会《あ》えるようになったんだよ。ただし、雨《あめ》がふったら天《あま》の川《がわ》の水《みず》が増《ふ》えて、会《あ》えないともいわれているよ。

ここまでは、みんなよく知《し》っているお話《はなし》だね。でも、織姫《おりひめ》さまが、七月七日《しちがつなのか》以外《いがい》はどうしていたかは、知《し》ってるかな？

それが、この**「天衣無縫《てんいむほう》」**のお話《はなし》なんだ。

ある夏《なつ》の夜《よる》のこと、郭翰《かくかん》という若者《わかもの》が、庭《にわ》で月《つき》をながめながらすずんでいた。するど、清《きよ》らかな風《かぜ》が吹《ふ》き、いい香《かお》りが満《み》ちてきた。ふと空《そら》を見上《みあ》げると、なんと、人《ひと》が天《てん》から降《お》りてくるではないか！

それは、この世《よ》のものとは思《おも》えないほど、とても美《うつく》しい娘《むすめ》だった。そして、

「私《わたし》は、天《てん》の織姫《おりひめ》です」

と言《い》う。

「夫《おっと》とは一年《いちねん》に一度《いちど》しか会《あ》えなくてさびしいのです。天帝《てんてい》から、地上《ちじょう》に降《お》りてもよいとゆるしをもらったのでやってきました。私《わたし》とデートしてくれませんか」

なんと、織姫《おりひめ》さまは、郭翰《かくかん》のことが好《す》きになって地上《ちじょう》にやってきたんだ。でも、ちょっと浮気《うわき》ものだね。

こうして、郭翰《かくかん》と織姫《おりひめ》はなかよくなり、デートを重《かさ》ねるようになった。

ある日《ひ》、郭翰《かくかん》は、織姫《おりひめ》の着《き》ている衣《ころも》に縫《ぬ》い目《め》が一《ひと》つもないことに気《き》がついた。

「その着物《きもの》、どうして無縫《むほう》（縫《ぬ》い目《め》がない）なのですか？」

「天《てん》に住《す》む人《ひと》が着《き》る衣服《いふく》は、針《はり》と糸《いと》でつくるのではないのですよ」

この話《はなし》から、「天衣無縫《てんいむほう》」という言葉《ことば》が生《う》まれたんだよ。

「天衣無縫《てんいむほう》」とは、詩《し》や文章《ぶんしょう》などが自然《しぜん》で流《なが》れるように美《うつく》しく、うまく見《み》せようとするところがないことを表《あらわ》す言葉《ことば》になった。そして、さらに、性格《せいかく》がすなおでかざり気《け》のない、純粋《じゅんすい》な人《ひと》がらのことをいうようになったんだよ。

ところで、この織姫《おりひめ》さまと郭翰《かくかん》はその後《ご》どうなったんだろう。

実《じつ》は、織姫《おりひめ》さまが天帝《てんてい》から地上《ちじょう》に行《い》くことをゆるされたのは一年間《いちねんかん》だけ。一年《いちねん》が過《す》ぎ、二人《ふたり》は別《わか》れなければならなかった。織姫《おりひめ》さまは、泣《な》く泣《な》く天《てん》に帰《かえ》っていったんだよ。

天上《てんじょう》の人《ひと》と地上《ちじょう》の人《ひと》の恋物語《こいものがたり》――。「天衣無縫《てんいむほう》」はとてもロマンチックな四字熟語《よじじゅくご》だね。

そして、「天衣無縫《てんいむほう》な人《ひと》」とは、この織姫《おりひめ》さまのような人《ひと》をいうのかもしれないね。

ところで、「天衣無縫《てんいむほう》」とよく似《に》た意味《いみ》の言葉《ことば》に**「天真爛漫《てんしんらんまん》」**がある。

これは、中国《ちゅうごく》の絵《え》の先生《せんせい》が、自分《じぶん》が描《か》いた絵《え》について、「天真爛漫《てんしんらんまん》にして物表《ものおもて》に超出《ちょうしゅつ》す」とほめたことからできた言葉《ことば》。自然《しぜん》でありのままの姿《すがた》を描《か》いていると言《い》っているんだ。

「天真爛漫《てんしんらんまん》」は、とくに子《こ》どもや、純真《じゅんしん》な大人《おとな》をほめるときに言《い》う言葉《ことば》だけど、子《こ》どもが大人《おとな》に向《む》かって「天真爛漫《てんしんらんまん》だね」と言《い》うのは、失礼《しつれい》だからやめたほうがいいかもね。

天衣無縫《てんいむほう》

文章《ぶんしょう》などが自然《しぜん》で完全《かんぜん》で美《うつく》しいこと。また、人《ひと》がらなどが、かざったり気《き》どったりせず、すなおで無邪気《むじゃき》な様子《ようす》。

※27ページの答《こた》え……「のび太《た》」が「のび犬《いぬ》」になっているよ。

月《げっ》下《か》氷《ひょう》人《じん》

赤《あか》い糸《いと》の伝説《でんせつ》が、四字《よじ》熟語《じゅくご》にもある！

親《しん》せきなどの結婚式《けっこんしき》に出席《しゅっせき》したことのある人《ひと》は、新郎新婦《しんろうしんぷ》のとなりに「仲人《なこうど》」という役《やく》目《め》の人《ひと》がいるのを見《み》たことがあるかな。

仲人《なこうど》というのは、もともとは、お見合《みあ》いの相手《あいて》を紹介《しょうかい》するなど、結婚《けっこん》の仲立《なかだ》ちをする人《ひと》のことをいうんだ。今《いま》では、とくに仲立《なかだ》ちをしなくても、新郎新婦《しんろうしんぷ》の上司《じょうし》や親《しん》せきなどの夫婦《ふうふ》が、結婚式《けっこんしき》で務《つと》めることが多《おお》い。媒酌人《ばいしゃくにん》ともいわれるよ。

その仲人《なこうど》のことを意味《いみ》する四字熟語《よじじゅくご》がある。それが、「月下氷人《げっかひょうじん》」だ。

これは、とてもふしぎな二《ふた》つの物語《ものがたり》から生《う》まれた言葉《ことば》なんだよ。

まず一《ひと》つは、「月下老人《げっかろうじん》」という話《はなし》だ。

今《いま》から千数百年前《せんすうひゃくねんまえ》のこと、中国《ちゅうごく》は唐《とう》という大《おお》きな国《くに》が統一《とういつ》していた。唐《とう》には、日本《にっぽん》から

も遣唐使《けんとうし》という使節《しせつ》を何度《なんど》も送《おく》って交流《こうりゅう》をしていた。この遣唐使《けんとうし》のおかげで、中国《ちゅうごく》の文化《ぶんか》が日本《にっぽん》にもたらされたんだよ。

そんな唐《とう》の国《くに》に韋固《いご》という独身《どくしん》の若者《わかもの》がいた。旅行《りょこう》をして、宋城《そうじょう》という地《ち》に来《き》たときのある夜《よる》、ふしぎな老人《ろうじん》に出会《であ》ったんだ。

老人《ろうじん》は、月《つき》の下《した》で、赤《あか》いひもの入《はい》っているふくろによりかかって本《ほん》を読《よ》んでいた。

「その赤《あか》いひもはなんですか？」

と、韋固《いご》がたずねると、老人《ろうじん》は答《こた》えて言《い》った。

「これは、縁結《えんむす》びのひもじゃ。このひもで夫婦《ふうふ》になる者《もの》の足《あし》を結《むす》べば、敵同士《てきどうし》でも、どんなに遠《とお》くにいる人《ひと》でも、必《かなら》ず結婚《けっこん》するのじゃ」

そこで、韋固《いご》は自分《じぶん》の結婚相手《けっこんあいて》について聞《き》いてみた。老人《ろうじん》が言《い》うには、

「宋城《そうじょう》の北門《きたもん》で野菜売《やさいう》りをしている陳《ちん》ばあさんの娘《むすめ》が、おまえの結婚相手《けっこんあいて》じゃぞ」

その答《こた》えに、韋固《いご》はがっかりして、その場《ば》を立《た》ち去《さ》ったんだ。

それから十四年後《じゅうよねんご》、韋固《いご》は役人《やくにん》となり、郡《ぐん》の長官《ちょうかん》の娘《むすめ》と結婚《けっこん》した。そして、ふと、そのときのことを思《おも》い出《だ》して、娘《むすめ》にたずねてみたんだ。すると、

「私《わたし》は長官《ちょうかん》の養女《ようじょ》なのです。赤《あか》ん坊《ぼう》のときに実《じつ》の父《ちち》は死《し》に、乳母《うば》が野菜《やさい》を売《う》って私《わたし》を育《そだ》てくれました。陳《ちん》ばあやのお店《みせ》は、宋城《そうじょう》の北《きた》のほうにあったんです」

なんと娘《むすめ》は、老人《ろうじん》が予言《よげん》した赤《あか》ん坊《ぼう》で、本当《ほんとう》に赤《あか》いひもで結《むす》ばれた運命《うんめい》の人《ひと》だったんだ。

もう一《ひと》つの物語《ものがたり》は、「氷人《ひょうじん》」というもの。

こちらは、唐《とう》よりもさらに四百年《よんひゃくねん》ほど前《まえ》、中国《ちゅうごく》を晋《しん》という国《くに》が統一《とういつ》していた時代《じだい》の話《はなし》だ。有名《ゆうめい》な占《うらな》い師《し》のところに、令狐策《れいこさく》という人《ひと》が訪《たず》ねてきた。

「夢《ゆめ》を見《み》たのです。氷《こおり》の上《うえ》に立《た》って、氷《こおり》の下《した》にいる人《ひと》と話《はなし》をする夢《ゆめ》でした。これはどういうことを表《あらわ》しているのでしょう」

「それは、あなたが結婚《けっこん》の仲立《なかだ》ちをするということです。氷《こおり》がとけるころに、その結婚《けっこん》がまとまることでしょう」

その占《うらな》い師《し》の言《い》うとおり、令狐策《れいこさく》は、郡《ぐん》の長官《ちょうかん》から息子《むすこ》の結婚《けっこん》の仲立《なかだ》ちをたのまれた。そして、春先《はるさき》の氷《こおり》が溶《と》けたころに、話《はなし》がまとまったというんだ。

この「月下老人《げっかろうじん》」と「氷人《ひょうじん》」の物語《ものがたり》から、仲人《なこうど》のことを、二《ふた》つを組《く》み合《あ》わせた「月下氷人《げっかひょうじん》」というようになったんだよ。

ところで、運命《うんめい》の人《ひと》とは小指《こゆび》と小指《こゆび》が赤《あか》い糸《いと》で結《むす》ばれている、とよくいわれるよね。これが「月下老人《げっかろうじん》」の赤《あか》いひもと関係《かんけい》あるのかどうかはわからないけれど、赤《あか》い糸《いと》の伝《でん》説《せつ》は世界中《せかいじゅう》にあるようだ。

国《くに》はちがっても、赤《あか》い糸《いと》は人《ひと》と人《ひと》を結《むす》ぶものとされているんだね。

近《ちか》ごろは仲人《なこうど》のいない結婚式《けっこんしき》も多《おお》く、この言葉《ことば》を知《し》っている大人《おとな》も少《すく》なくなってきた。でも、こんな話《はなし》を知《し》ると、「月下氷人《げっかひょうじん》」はとてもロマンチックな四字熟語《よじじゅくご》に思《おも》えてくるね。

月下氷人《げっかひょうじん》

男女《だんじょ》の縁《えん》をとりもつ人《ひと》のこと。仲人《なこうど》。

呉《ご》越《えつ》同《どう》舟《しゅう》

戦《たたか》いの基本《きほん》がここにある、「孫子《そんし》の兵法《へいほう》」

紀元前八世紀《きげんぜんはっせいき》から紀元前三世紀《きげんぜんさんせいき》（西暦《せいれき》一年《ねん》より八〇〇〜二〇一年前《ねんまえ》）ごろの中国《ちゅうごく》は、たくさんの小《ちい》さな国《くに》に分《わ》かれていて、戦争《せんそう》が繰《く》り返《かえ》されていたんだ。この時代《じだい》を春秋戦国時《しゅんじゅうせんごくじ》代《だい》というんだけど、この時代《じだい》の戦争《せんそう》にまつわる話《はなし》から、いろいろな言葉《ことば》が生《う》まれたんだよ。

昔《むかし》の出来事《できごと》から生《う》まれた言葉《ことば》を、故事成語《こじせいご》という。故事成語《こじせいご》には四字熟語《よじじゅくご》もたくさんあって、前《まえ》に出《で》てきた「朝三暮四《ちょうさんぼし》」や「月下氷人《げっかひょうじん》」なども、みんな故事成語《こじせいご》だよ。

ここからは、戦争《せんそう》にまつわる故事成語《こじせいご》の四字熟語《よじじゅくご》を見《み》ていこう。

「**呉越同舟**《ごえつどうしゅう》」という言葉《ことば》のもとになったお話《はなし》は、『孫子《そんし》』という兵法書《へいほうしょ》のなかに出《で》てくるよ。兵法書《へいほうしょ》というのは、戦争《せんそう》での戦《たたか》い方《かた》などについて書《か》かれた本《ほん》のことで、孫子《そんし》というのは、この本《ほん》の作者《さくしゃ》の名前《なまえ》なんだ。

あるとき、どうすれば軍隊《ぐんたい》をうまく動《うご》かすことができるかと聞《き》かれ、孫子《そんし》が言《い》った。

「呉《ご》の国《くに》の人《ひと》と越《えつ》の国《くに》の人《ひと》は憎《にく》み合《あ》っているが、もし、この二《ふた》つの国《くに》の人《ひと》が同《おな》じ小舟《こぶね》に乗《の》り合《あ》わせたとき、風《かぜ》が吹《ふ》いて舟《ふね》が沈《しず》みそうになったら、左右《さゆう》の手《て》のように、おたがいに助《たす》け合《あ》うことだろう」

「呉《ご》」の国《くに》と「越《えつ》」の国《くに》は、長年《ながねん》にわたり戦争《せんそう》を繰《く》り返《かえ》している、とてもなかの悪《わる》い国《くに》だ。

このたとえ話《ばなし》から、軍隊《ぐんたい》をうまく動《うご》かすには、兵士《へいし》たちが一《ひと》つになって動《うご》くような状況《じょうきょう》をつくることが大切《たいせつ》だと、孫子《そんし》は言《い》っているんだ。

そして、ここから「呉越同舟《ごえつどうしゅう》（呉《ご》の人《ひと》と越《えつ》の人《ひと》が同《おな》じ舟《ふね》に乗《の》っている）」という言葉《ことば》が生《う》まれ、対立《たいりつ》している者同士《ものどうし》でも目的《もくてき》が同《おな》じなら協力《きょうりょく》して物事《ものごと》を行《おこな》う、という意味《いみ》で使《つか》われるようになったんだ。また、対立《たいりつ》している者《もの》が同《おな》じ場所《ばしょ》にいたり、いっしょに行動《こうどう》したりするときにも使《つか》われるよ。

たとえば、クラスマッチなどのチーム分《わ》けで、きみがふだんからライバルと思《おも》っている子《こ》と同《おな》じチームになったとする。でも二人《ふたり》が敵対《てきたい》していては勝《か》てないね。ライバルと協力《きょうりょく》してチームが勝《か》つためにがんばるだろう。そういう状況《じょうきょう》をさすときの言葉《ことば》なんだよ。

ところで、この『孫子《そんし》』という本《ほん》に書《か》かれていることは「孫子《そんし》の兵法《へいほう》」といわれ、日本《にっぽん》でも、昔《むかし》から武士《ぶし》のお手本《てほん》とされていた。また、今《いま》でも仕事《しごと》をうまく進《すす》めるために役立《やくだ》つものとして、ビジネスマンにも応用《おうよう》されているんだ。

『孫子《そんし》』から生《う》まれた四字熟語《よじじゅくご》は、ほかにもたくさんあるよ。

たとえば、**「百戦百勝《ひゃくせんひゃくしょう》」**という言葉《ことば》。これは、百回戦《ひゃっかいたたか》って百回《ひゃっかい》すべて勝《か》つという意味《いみ》で、とても強《つよ》いことをさす。

でも、孫子《そんし》は、それがすごいことだとは言《い》っていないんだ。

「いちばんいいのは、戦《たたか》わないで敵《てき》を降参《こうさん》させることであり、戦《たたか》って相手《あいて》を破《やぶ》るのは、それよりは劣《おと》ることだ。だから、百戦百勝《ひゃくせんひゃくしょう》することがいちばんいいのではない。戦《たたか》わないで勝《か》つのがいちばんいいのだ」

この考《かんが》え方《かた》は、今《いま》でもいろいろな場面《ばめん》に通《つう》じるものだね。

また、みんなも聞《き》いたことがある、**「正正堂堂《せいせいどうどう》」**という言葉《ことば》。「にげないで、正正堂堂《せいせいどうどう》と勝負《しょうぶ》しろ！」なんて言《い》うよね。

これは、「正正《せいせい》の旗《はた》」と「堂堂《どうどう》の陣《じん》」という言葉《ことば》が合《あ》わさったものだ。どちらも軍隊《ぐんたい》のことで、「正正《せいせい》の旗《はた》」とは旗印《はたじるし》（戦争《せんそう》のときに軍隊《ぐんたい》がかかげる旗《はた》）がきちんと並《なら》んでいること、「堂堂《どうどう》の陣《じん》」とは軍隊《ぐんたい》の陣形《じんけい》（配備《はいび》）に勢《いきお》いがあって整《ととの》っていることを表《あらわ》している。孫子《そんし》は、正正堂堂《せいせいどうどう》とした軍隊《ぐんたい》は、とても強《つよ》いので、最初《さいしょ》から戦《たたか》ってはいけないと言《い》っているんだ。正正堂堂《せいせいどうどう》としていれば、相手《あいて》のほうから戦《たたか》いをさけていくということだ。

わたしたちも、「百戦百勝《ひゃくせんひゃくしょう》」より「正正堂堂《せいせいどうどう》」をめざしたほうが、結局《けっきょく》は強《つよ》いということかもしれないね。

呉越同舟《ごえつどうしゅう》

なかの悪《わる》い者同士《ものどうし》や敵味《てきみ》方《かた》が同《おな》じ場所《ばしょ》にいること。また、なかが悪《わる》いながらも困難《こんなん》に対《たい》して協力《きょうりょく》し合《あ》うことのたとえ。

犬《いぬ》のおかげ？
こら〜!! 待《ま》て!! のび太《た》!!
ヒィ〜! 助《たす》けて〜!!
ゴチン
ドタバタ
仲直《なかなお》りできてよかったね。
呉越同舟《ごえつどうしゅう》の二人《ふたり》だった。
ワンワン!!
ワンワン!!
ワンワン!!

臥《が》薪《しん》嘗《しょう》胆《たん》

やりとげるには、がまん強《づよ》さが大切《たいせつ》だ！

「臥薪嘗胆《がしんしょうたん》」——漢字《かんじ》はむずかしいけど、よく使《つか》われる四字熟語《よじじゅくご》だ。目的《もくてき》を果《は》たすために、じっとがまんをするという意味《いみ》の言葉《ことば》だよ。

これも、前《まえ》の「呉越同舟《ごえつどうしゅう》」と同《おな》じ、呉《ご》と越《えつ》という、春秋戦国時代《しゅんじゅうせんごくじだい》の対立《たいりつ》している国《くに》の話《はなし》から生《う》まれた故事成語《こじせいご》なんだ。

呉《ご》の国《くに》の王《おう》、闔閭《こうりょ》が越《えつ》の国《くに》に攻《せ》めこんだ。しかし、闔閭《こうりょ》はけがをして、そのけががもとで亡《な》くなった。そのあとを継《つ》いだのは、息子《むすこ》の夫差《ふさ》だ。

夫差《ふさ》は、父《ちち》のかたきをとろうと決心《けっしん》した。そして、毎日《まいにち》たきぎの上《うえ》に寝《ね》て、その痛《いた》みでくやしさを忘《わす》れないようにしたんだ。

たきぎというのは、火《ひ》を燃《も》やすための材料《ざいりょう》で、細《ほそ》い木《き》の枝《えだ》や、木《き》の幹《みき》を細《ほそ》く割《わ》ったもの。

そんな上《うえ》で寝《ね》るなんて、とても体《からだ》が痛《いた》くて、眠《ねむ》れないよね。

さらに、家来《けらい》たちが部屋《へや》に出入《でい》りするたびに、「夫差《ふさ》、越《えつ》の者《もの》が父《ちち》を殺《ころ》したのを忘《わす》れたのか」と、言《い》わせ続《つづ》けた。

そして三年後《さんねんご》、夫差《ふさ》は越《えつ》の国《くに》を攻《せ》めて勝《か》ち、父《ちち》のかたきをとったんだ。

負《ま》けた越《えつ》の王《おう》、勾践《こうせん》は、会稽山《かいけいざん》という山《やま》に追《お》いつめられた。そこで勾践《こうせん》は、「自分《じぶん》は夫《ふ》差《さ》の家来《けらい》になり、妻《つま》を夫差《ふさ》に差《さ》し上《あ》げるので、ゆるしてください」とお願《ねが》いしたんだ。しかし、夫差《ふさ》の答《こた》えは「ダメだ」。

これを「会稽《かいけい》の恥《はじ》」という。会稽山《かいけいざん》で、勾践《こうせん》はとても恥《はじ》をかいたんだ。

そしてここから、大変《たいへん》な屈辱《くつじょく》を表《あらわ》す**「会稽《かいけい》の恥《はじ》」**という言葉《ことば》も生《う》まれたよ。

勾践《こうせん》は、夫差《ふさ》の家来《けらい》に賄賂《わいろ》を贈《おく》って、ゆるしてもらえるようにたのんだんだ。そのおかげで、なんとかゆるされ、国《くに》にもどった勾践《こうせん》。今度《こんど》は勾践《こうせん》がうらみをはらす番《ばん》だ。

勾践《こうせん》は、家《いえ》の中《なか》ににがいきも（動物《どうぶつ》の肝臓《かんぞう》）をぶらさげ、それをなめて、その苦《にが》さで、くやしさを忘《わす》れないようにしたんだ。そして、

「おまえは、会稽《かいけい》の恥《はじ》を忘《わす》れたのか」

と、自分《じぶん》に言《い》い聞《き》かせた。

そうして勾践《こうせん》は国《くに》を強《つよ》くし、十年後《じゅうねんご》、ついに呉《ご》の軍《ぐん》を破《やぶ》ったんだ。このことから、屈辱《くつじょく》をはらすことを、**「会稽《かいけい》の恥《はじ》をそそぐ」**というようになった。

この二人《ふたり》の王《おう》の、うらみを忘《わす》れないための行動《こうどう》が「臥薪嘗胆《がしんしょうたん》」だよ。

「臥薪《がしん》」はたきぎの上《うえ》に寝《ね》るという意味《いみ》、「嘗胆《しょうたん》」はきもをなめるという意味《いみ》を表《あらわ》すんだ。

この話《はなし》は、『十八史略《じゅうはっしりゃく》』という、中国《ちゅうごく》の昔《むかし》の歴史《れきし》の本《ほん》にのっている。これは、昔《むかし》の日本《にっぽん》でも教科書《きょうかしょ》のように使《つか》われたことがあって、日本人《にほんじん》にもなじみの深《ふか》い本《ほん》なんだよ。

この『十八史略《じゅうはっしりゃく》』から生《う》まれた四字熟語《よじじゅくご》には、ほかに**「鶏口牛後《けいこうぎゅうご》」**がある。**「鶏口《けいこう》となるも牛後《ぎゅうご》となるなかれ」**ということわざにもなっている、有名《ゆうめい》な言葉《ことば》なんだ。

これも戦国時代《せんごくじだい》の話《はなし》。秦《しん》という大《おお》きな国《くに》が、ほかの六《むっ》つの小《ちい》さな国《くに》に、領地《りょうち》をわたすように求《もと》めた。このとき蘇秦《そしん》という者《もの》が、小《ちい》さな国《くに》の一《ひと》つ、趙《ちょう》の王様《おうさま》に言《い》った。

「六《むっ》つの国《くに》の兵《へい》の数《かず》を合《あ》わせれば秦《しん》の十倍《じゅうばい》。小《ちい》さくても六《むっ》つの国《くに》が力《ちから》を合《あ》わせれば、必《かなら》ず秦《しん》をたおすことができます。六《むっ》つの国《くに》が協力《きょうりょく》するのがいちばんよいと思《おも》います」

これを聞《き》いた趙《ちょう》の王様《おうさま》は賛成《さんせい》し、蘇秦《そしん》を使者《ししゃ》として六《むっ》つの国《くに》の同盟《どうめい》を結《むす》ばせたんだ。

このとき、蘇秦《そしん》がたとえ話《ばなし》としたのが、「鶏口《けいこう》となるも牛後《ぎゅうご》となるなかれ」だ。
「鶏口《けいこう》」とはニワトリの口《くち》という意味《いみ》で、小《ちい》さいけれどいちばん前《まえ》のこと。「牛後《ぎゅうご》」とは牛《うし》のおしりのことで、大《おお》きいけれどいちばん後《うし》ろということ。つまり、大《おお》きな集団《しゅうだん》のなかですみっこにいるより、小《ちい》さな集団《しゅうだん》のなかでトップになるほうがいいという意味《いみ》だ。
たとえばきみが将来《しょうらい》、大《おお》きな会社《かいしゃ》に入《はい》って平社員《ひらしゃいん》でいるか、小《ちい》さくても自分《じぶん》で会社《かいしゃ》をつくって社長《しゃちょう》になるか、というときがきたら、きっと思《おも》い出《だ》す言葉《ことば》だよ。

臥薪嘗胆《がしんしょうたん》
目的《もくてき》を成《な》しとげたりするために、苦労《くろう》をたえ忍《しの》ぶこと。

机《つくえ》に向《む》かって…？

よーし、2時間《じかん》宿題《しゅくだい》をがんばるぞ!!
何《なに》がなんでも絶対《ぜったい》に机《つくえ》から離《はな》れないぞ!!
二時間後《にじかんご》
やった!2時間《じかん》たえ抜《ぬ》いたぞ!!
机《つくえ》から離《はな》れなかっただけで、宿題《しゅくだい》終《お》わってないじゃないか!!
まっしろ!

四《し》面《めん》楚《そ》歌《か》

中国《ちゅうごく》の有名《ゆうめい》な戦《たたか》いの、悲《かな》しい物語《ものがたり》

項羽《こうう》、劉邦《りゅうほう》という、中国《ちゅうごく》の武将《ぶしょう》の名前《なまえ》を聞《き》いたことはないかな。小説《しょうせつ》やまんが、ゲームにもなったことがある、日本《にっぽん》でも人気《にんき》のある武将《ぶしょう》だ。

前《まえ》に出《で》てきたように、昔《むかし》の中国《ちゅうごく》ではたくさんの小《ちい》さな国《くに》が戦争《せんそう》をする、春秋戦国時代《しゅんじゅうせんごくじだい》といわれる時代《じだい》が続《つづ》いた。しかし、紀元前《きげんぜん》二二一年《ねん》に、秦《しん》という国《くに》が中国《ちゅうごく》を統一《とういつ》する。

この秦《しん》をほろぼしたのが、項羽《こうう》だ。項羽《こうう》は、楚《そ》という国《くに》の武将《ぶしょう》で、紀元前《きげんぜん》二〇七年《ねん》に秦《しん》をほろぼすと、「西楚《せいそ》の覇王《はおう》」と名乗《なの》り、一時的《いちじてき》に天下《てんか》をとったように見《み》えた。

でも、そこに立《た》ちふさがったのが、劉邦《りゅうほう》だ。

劉邦《りゅうほう》も秦《しん》をほろぼすために大活躍《だいかつやく》したのに、項羽《こうう》は劉邦《りゅうほう》をきらって、漢中《かんちゅう》（漢《かん》）という小《ちい》さな辺境《へんきょう》の国《くに》に追《お》いやった。劉邦《りゅうほう》の地位《ちい》はとても低《ひく》くなったんだ。

そこで、劉邦《りゅうほう》は、項羽《こうう》を討《う》つために兵《へい》をあげ、楚漢戦争《そかんせんそう》といわれる戦争《せんそう》が始《はじ》まった。

そして紀元前《きげんぜん》二〇二年《ねん》、**「四面楚歌《しめんそか》」**の物語《ものがたり》が起《お》こったんだ。

項羽《こうう》率《ひき》いる楚軍《そぐん》は、劉邦《りゅうほう》率《ひき》いる漢軍《かんぐん》に追《お》いつめられ、垓下《がいか》という場所《ばしょ》でとりでをつくって立《た》てこもった。兵《へい》は少《すく》なくなり、食料《しょくりょう》もなくなっていた。とりでのまわりには、敵《てき》の漢《かん》軍《ぐん》の兵士《へいし》たちが、何重《なんじゅう》にも取《と》り囲《かこ》んでいた。

すると、夜《よる》になり、寝《ね》ていた項羽《こうう》の耳《みみ》に、楚《そ》の国《くに》の歌《うた》が聞《き》こえてきたんだ。まわり（四《し》面《めん》）の漢軍《かんぐん》が楚《そ》の歌《うた》（楚歌《そか》）を歌《うた》うのを聞《き》いた項羽《こうう》は、とてもおどろいた。

「ああ、漢軍《かんぐん》はもう楚《そ》を占領《せんりょう》してしまったのか。敵《てき》の漢軍《かんぐん》のなかに、こんなに楚《そ》の人々《ひとびと》が多《おお》いなんて……」

本当《ほんとう》は、劉邦《りゅうほう》が漢《かん》の兵士《へいし》たちに命《めい》じて楚《そ》の歌《うた》を歌《うた》わせていたんだけど、項羽《こうう》は、楚《そ》の国《くに》の人《ひと》が降伏《こうふく》して歌《うた》っているんだと、勘違《かんちが》いしたんだよ。

死《し》をかくごした項羽《こうう》は、起《お》きて、別《わか》れの宴《うたげ》を開《ひら》いた。そこには、いつもいっしょにいた虞美人《ぐびじん》という恋人《こいびと》と、いつも乗《の》っていた騅《すい》という馬《うま》もいた。

項羽《こうう》は、詩《し》をつくって歌《うた》った。

「私《わたし》の力《ちから》は山《やま》を引《ひ》っこぬくほど強大《きょうだい》で、気力《きりょく》は世界《せかい》を覆《おお》うほど盛《さか》んだった。でも、もはや時《とき》の利《り》はなく、馬《うま》の騅《すい》は進《すす》まない。騅《すい》が進《すす》んでくれないのはどうしたらよいのか。虞《ぐ》よ、虞《ぐ》よ、おまえをどうしたらよいのか」

虞美人《ぐびじん》もいっしょに泣《な》きながら歌《うた》い、家来《けらい》もみんな泣《な》いた。

それから、項羽《こうう》はとりでを出《で》て戦《たたか》い、最期《さいご》は、自分《じぶん》で自分《じぶん》の首《くび》をはねて自害《じがい》したんだ。

これが、中国《ちゅうごく》の戦争《せんそう》のなかでも有名《ゆうめい》な、「垓下《がいか》の戦《たたか》い」といわれるものだ。

このエピソードから、「四面楚歌《しめんそか》」とは、敵《てき》に囲《かこ》まれ、まわりに味方《みかた》がまったくいない状態《じょうたい》のことを言《い》うようになったんだ。同《おな》じ意味《いみ》の四字熟語《よじじゅくご》に、「**孤立無援**《こりつむえん》」があるよ。

また、項羽《こうう》が最後《さいご》に歌《うた》った歌《うた》は「垓下《がいか》の歌《うた》」といわれていて、ここから「**抜山蓋世**《ばつざんがいせい》（山《やま》を抜《ぬ》き世《よ》をおおう）」という四字熟語《よじじゅくご》も生《う》まれた。これは、とても威勢《いせい》がよくて気力《きりょく》が充《じゅう》実《じつ》しているという意味《いみ》を表《あらわ》すものだよ。

項羽《こうう》の恋人《こいびと》の虞美人《ぐびじん》も自殺《じさつ》したという。虞美人《ぐびじん》が死《し》んだ場所《ばしょ》には、とても美《うつく》しい花《はな》がさいたそうだ。そして、その花《はな》は、虞美人草《ぐびじんそう》と名付《なづ》けられた。

今《いま》、虞美人草《ぐびじんそう》は、ヒナゲシの花《はな》の別名《べつめい》になっているよ。

ところで、この後《あと》、劉邦率《りゅうほうひき》いる漢《かん》の国《くに》は中国《ちゅうごく》を統一《とういつ》して、劉邦《りゅうほう》は漢《かん》の初代皇帝《しょだいこうてい》になった。この漢《かん》の国《くに》は、その後《ご》もとても長《なが》く続《つづ》いたんだ。

項羽《こうう》は名門《めいもん》の家柄《いえがら》で、最初《さいしょ》から身分《みぶん》が高《たか》くて強《つよ》かったけれど、わがままで、捕虜《ほりょ》を簡単《かんたん》に殺《ころ》すなどきびしい政治《せいじ》を行《おこな》ったため、人々《ひとびと》の心《こころ》は離《はな》れていった。

それに比《くら》べて、身分《みぶん》は低《ひく》かったけれどやさしい劉邦《りゅうほう》は、人々《ひとびと》の信頼《しんらい》を得《え》て、ついに大《おお》きな国《くに》の皇帝《こうてい》になったんだよ。

四面楚歌《しめんそか》

敵《てき》の中《なか》で孤立《こりつ》して、助《たす》けのないこと。周囲《しゅうい》が敵《てき》や対立《たいりつ》する者《もの》ばかりで味方《みかた》のないことのたとえ。

囲《かこ》まれた

明《めい》眸《ぼう》皓《こう》歯《し》

絶世《ぜっせい》の美女《びじょ》、楊貴妃《ようきひ》の悲劇《ひげき》から生《う》まれた言葉《ことば》

「明眸皓歯《めいぼうこうし》」は、中国《ちゅうごく》の詩《し》のなかから生《う》まれた四字熟語《よじじゅくご》だよ。

中国《ちゅうごく》の詩《し》は漢詩《かんし》といわれて、とくに唐《とう》の時代《じだい》には有名《ゆうめい》な詩人《しじん》がたくさんいるんだ。

そのうちの一人《ひとり》、杜甫《とほ》という詩人《しじん》は、「詩聖《しせい》（詩《し》の聖人《せいじん》）」と呼《よ》ばれるほどのすごい人《ひと》だ。

その杜甫《とほ》が書《か》いた『哀江頭《あいこうとう》（江頭《こうとう》に哀《かな》しむ）』という詩《し》のなかに、「明眸皓歯《めいぼうこうし》」の言葉《ことば》が出《で》てくるんだよ。

この詩《し》は、杜甫《とほ》が、楊貴妃《ようきひ》という女性《じょせい》の悲劇《ひげき》を悲《かな》しんで書《か》いたものだ。

楊貴妃《ようきひ》というのは、歴史上《れきしじょう》の世界三大美女《せかいさんだいびじょ》といわれる一人《ひとり》。ほかの二人《ふたり》は、エジプトのクレオパトラと日本《にっぽん》の小野小町《おののこまち》。でも、これは日本《にっぽん》だけで言《い》われていることだけどね。

楊貴妃《ようきひ》の悲劇《ひげき》とは、なんと、美人《びじん》すぎたために起《お》こったものだったんだ——。

楊貴妃《ようきひ》は、その美《うつく》しさから、中国《ちゅうごく》が唐《とう》という国《くに》だったときの皇帝《こうてい》、玄宗《げんそう》に見初《みそ》められて恋人《こいびと》になり、どこへ行《い》くのもいっしょだった。

玄宗皇帝《げんそうこうてい》は、美《うつく》しい楊貴妃《ようきひ》をとても愛《あい》してかわいがった。たとえば、楊貴妃《ようきひ》の大好物《だいこうぶつ》である果物《くだもの》のライチを早《はや》く運《はこ》ぶために、何千《なんぜん》キロも早馬《はやうま》を走《はし》らせたこともあったというよ。

そして、楊貴妃《ようきひ》の家族《かぞく》や親族《しんぞく》を家来《けらい》にして、高《たか》い地位《ちい》につけたんだ。

すると、楊貴妃《ようきひ》の一族《いちぞく》は、皇帝《こうてい》が楊貴妃《ようきひ》にメロメロなのを利用《りよう》して、勝手気《かってき》ままにふるまうようになった。とくに楊貴妃《ようきひ》のまたいとこの楊国忠《ようこくちゅう》は、政権《せいけん》をにぎり、わがままな政《せい》治《じ》を行《おこな》うようになったんだ。

これに反発《はんぱつ》したのが、安禄山《あんろくざん》という役人《やくにん》だ。

安禄山《あんろくざん》は楊貴妃《ようきひ》に取《と》り入《い》って、玄宗皇帝《げんそうこうてい》にも気《き》に入《い》られて出世《しゅっせ》した人物《じんぶつ》だ。楊国忠《ようこくちゅう》と同《おな》じように安禄山《あんろくざん》も楊貴妃《ようきひ》の力《ちから》でえらくなったのだけど、とてもなかが悪《わる》かった。

安禄山《あんろくざん》は、楊国忠《ようこくちゅう》が権力《けんりょく》をもっていることがゆるせなかったんだ。

「よし、じゃまな楊国忠《ようこくちゅう》を討《う》って、自分《じぶん》が皇帝《こうてい》になってしまおう！」

そう考《かんが》えた安禄山《あんろくざん》は、なかまの史思明《ししめい》とともに反乱《はんらん》を起《お》こし、唐《とう》の中心地《ちゅうしんち》である長安《ちょうあん》を攻《せ》め落《お》とした。これを「安史《あんし》の乱《らん》」というよ。西暦《せいれき》七五五年《ねん》のことだ。

玄宗皇帝《げんそうこうてい》は楊貴妃《ようきひ》を連《つ》れてにげた。楊国忠《ようこくちゅう》や楊貴妃《ようきひ》の姉《あね》たちもいっしょだったよ。

でも、皇帝《こうてい》を守《まも》っていっしょににげた兵士《へいし》たちは、彼《かれ》らにすごくおこっていたんだ。安《あん》史《し》の乱《らん》が起《お》こったのは、楊貴妃《ようきひ》の一族《いちぞく》のせいだと思《おも》っていたからだ。

兵士《へいし》たちはにげるとちゅうで楊国忠《ようこくちゅう》たちを殺《ころ》し、さらに、玄宗皇帝《げんそうこうてい》にせまった。

「皇帝《こうてい》は、楊貴妃《ようきひ》にまどわされて、政治《せいじ》をきちんと行《おこな》わなくなりました。そのために、国《くに》がみだれて、安史《あんし》の乱《らん》が起《お》こったんです。その元凶《げんきょう》である楊貴妃《ようきひ》を殺《ころ》すべきです！」

皇帝《こうてい》は兵士《へいし》たちにさからえず、泣《な》く泣《な》く楊貴妃《ようきひ》を、家来《けらい》に殺《ころ》させたのだった——。

これが、楊貴妃《ようきひ》と玄宗皇帝《げんそうこうてい》の悲恋《ひれん》の物語《ものがたり》。

『哀江頭《あいこうとう》』の詩《し》を書《か》いた杜甫《とほ》は、唐《とう》の役人《やくにん》でもあったんだ。そのため、安史《あんし》の乱《らん》のときは反乱軍《はんらんぐん》につかまって、首都《しゅと》である長安《ちょうあん》の外《そと》に出《で》られなくなっていた。

自由《じゆう》になってから長安《ちょうあん》の城《しろ》の近《ちか》くに来《き》た杜甫《とほ》は、昔《むかし》、玄宗皇帝《げんそうこうてい》と楊貴妃《ようきひ》がいっしょにいた、華《はな》やかだったときの様子《ようす》を思《おも》いうかべた。そして、さびれた町《まち》を見《み》て、こう書《か》いた。

「あの明眸皓歯《めいぼうこうし》の人《ひと》は今《いま》どこにいるのだろう。血《ち》で汚《よご》れた魂《たましい》は帰《かえ》ろうとしても帰《かえ》れない」

「明眸皓歯《めいぼうこうし》」というのは、美《うつく》しく澄《す》んだ瞳《ひとみ》（明眸《めいぼう》）と、きれいな真《ま》っ白《しろ》い歯《は》（皓歯《こうし》）という意味《いみ》で、それを兼《か》ね備《そな》えた、とても美《うつく》しい人《ひと》のことをさすんだよ。
この詩《し》を書《か》いた杜甫《とほ》よりももっと昔《むかし》、曹植《そうしょく》という作家《さっか》も『洛神賦《らくしんふ》』という作品《さくひん》で、美《うつく》しい人《ひと》のことを思《おも》い、「皓歯《こうし》はあざやかで、明眸《めいぼう》はよく動《うご》き」と、書《か》いている。
白《しろ》い歯《は》と美《うつく》しい目《め》が、中国《ちゅうごく》では美人《びじん》の条件《じょうけん》なんだね。美人《びじん》になりたい人《ひと》は、歯磨《はみが》きをしっかりして、目《め》をぱっちりさせておくことが大切《たいせつ》かな。

明眸皓歯《めいぼうこうし》
美《うつく》しく澄《す》みきった瞳《ひとみ》と白《しろ》く整《ととの》った歯《は》。また、その人《ひと》。美人《びじん》のたとえ。

キラキラ光《ひか》る

きれいな目《め》だな。キラキラ輝《かがや》いている。真《ま》っ白《しろ》い歯《は》もきれいだし……。
だれを見《み》ているの？
ほら、物置《ものおき》の横《よこ》にいる「ネ・ズ・ミ」。
ギャア!!

佳《か》人《じん》薄《はく》命《めい》

ほんとに美人《びじん》は長生《ながい》きできないの？

前《まえ》の「明眸皓歯《めいぼうこうし》」の項目《こうもく》で出《で》てきた、絶世《ぜっせい》の美女《びじょ》の楊貴妃《ようきひ》は、三十七歳《さんじゅうななさい》で亡《な》くなったといわれている。とても若《わか》くして死《し》んでいるよね。

そんなふうに、美人《びじん》は命《いのち》が短《みじか》くて、あまり幸《しあわ》せな人生《じんせい》を送《おく》ることができない、という言《こと》葉《ば》があるんだ。それが、**「佳人薄命《かじんはくめい》」**だ。

「佳人《かじん》」は美人《びじん》のこと、「薄命《はくめい》」は短命《たんめい》で不幸《ふしあわ》せなことをいうんだ。

これは、中国《ちゅうごく》の蘇軾《そしょく》という人《ひと》が書《か》いた『薄命佳人《はくめいかじん》』という詩《し》のなかから生《う》まれた言葉《ことば》だ。蘇軾《そしょく》は、中国《ちゅうごく》を宋《そう》という国《くに》が治《おさ》めていた時代《じだい》（十～十三世紀《せいき》ごろ）の政治家《せいじか》で詩人《しじん》だよ。

この詩《し》に、「古《いにしえ》より佳人《かじん》は多《おお》く命薄《めいうす》し」と書《か》かれている。昔《むかし》から美人《びじん》はたいてい薄命《はくめい》だ、と言《い》っているんだ。

でも、本当《ほんとう》に美人《びじん》は薄命《はくめい》なのかな？

楊貴妃《ようきひ》は確《たし》かに薄命《はくめい》だったけど、世界三大美女《せかいさんだいびじょ》のほかの二人《ふたり》、クレオパトラと小野小町《おののこまち》はどうだったんだろう？

クレオパトラは、古代《こだい》エジプトの女王《じょおう》だ。古代《こだい》エジプトというのは、紀元前《きげんぜん》（西暦《せいれき》一年《ねん》より前《まえ》）のエジプトの国《くに》のことで、すぐれた文明《ぶんめい》をもっていた。

クレオパトラは、そのころヨーロッパで強大《きょうだい》な力《ちから》をもっていたローマ帝国《ていこく》の支配者《しはいしゃ》カエサルに近《ちか》づいて、その恋人《こいびと》になって権力《けんりょく》をのばした。そして、カエサルが暗殺《あんさつ》されてしまうと、今度《こんど》は後継者《こうけいしゃ》のアントニウスを誘惑《ゆうわく》して、結婚《けっこん》したんだ。

こうしてクレオパトラは、ローマ帝国《ていこく》の英雄《えいゆう》を取《と》りこんで、エジプトがローマに侵略《しんりゃく》されないようにと、国《くに》を守《まも》ったんだよ。

「クレオパトラの鼻《はな》がもっと低《ひく》かったら、歴史《れきし》は変《か》わっていただろう」という、有名《ゆうめい》な言葉《ことば》がある。パスカルというフランスの哲学者《てつがくしゃ》が言《い》ったものだ。

鼻《はな》が高《たか》いのは美人《びじん》のしるし。つまり、クレオパトラがそれほど美人《びじん》でなかったら、ローマの英雄《えいゆう》たちがまどわされることもなく、歴史《れきし》は変《か》わっていただろう、ということだよ。

やがて、アントニウスが戦争《せんそう》に負《ま》けて亡《な》くなり、クレオパトラは自殺《じさつ》した。このとき、毒《どく》ヘビに自分《じぶん》の胸《むね》をかませて死《し》んだそうだ。死《し》に方《かた》もドラマチックだね。亡《な》くなったときのクレオパトラは三十九歳《さんじゅうきゅうさい》。やっぱり佳人薄命《かじんはくめい》だ。

では、小野小町《おののこまち》はどうだろう？

小野小町《おののこまち》は平安時代《へいあんじだい》（七九四～一一八五年《ねん》）の歌人《かじん》（和歌《わか》をつくる人《ひと》）で、六歌仙《ろっかせん》といわれる六人《ろくにん》の有名《ゆうめい》な歌人《かじん》のうちの一人《ひとり》だ。

絶世《ぜっせい》の美女《びじょ》だったといわれ、いろいろな伝説《でんせつ》があるけど、なかでも、深草少将《ふかくさのしょうしょう》の「百夜《ももよ》通《がよ》い」という話《はなし》は、とても悲《かな》しいものなんだよ。

深草少将《ふかくさのしょうしょう》という男《おとこ》の人《ひと》が小野小町《おののこまち》に一目《ひとめ》ぼれして、恋文《こいぶみ》を送《おく》った。小町《こまち》はあきらめさせようと、「私《わたし》のところに百日《ひゃくにち》、毎晩通《まいばんかよ》ってくれば、思《おも》いをかなえましょう」と言《い》ったんだ。深草少将《ふかくさのしょうしょう》は、雨《あめ》の日《ひ》も風《かぜ》の日《ひ》も、遠《とお》い道《みち》のりを、毎晩通《まいばんかよ》い続《つづ》けた。でも、とうとう九十九日目《きゅうじゅうきゅうにちめ》の雪《ゆき》の夜《よる》、たおれて亡《な》くなってしまったというんだ……。

そんな小野小町《おののこまち》の年《とし》は、はっきりわかっていないけれど、七十五歳《ななじゅうごさい》ぐらいまで生《い》きていたともいわれている。昔《むかし》の人《ひと》にしたら、長生《ながい》きだね。

でも、年《とし》をとってからの小野小町《おののこまち》は、独身《どくしん》で貧《まず》しく、おとろえていく美《び》ぼうをなげいていたらしい。薄命《はくめい》ではなくても、あまり幸《しあわ》せではなかったようだね。

とはいっても、きみたちのまわりを見《み》てごらん。おばあちゃんやひいおばあちゃんの昔《むかし》の写真《しゃしん》を見《み》ると、とても美人《びじん》だってことはよくあるよね。

美人《びじん》でも長生《ながい》きして幸《しあわ》せな人《ひと》はたくさんいるんだ。このことわざは、伝説《でんせつ》や物語《ものがたり》のなかでだけ生《い》きている言葉《ことば》かもしれないね。

佳人薄命《かじんはくめい》

美人《びじん》は不幸《ふしあわ》せな場合《ばあい》が多《おお》い、または、病弱《びょうじゃく》だったりして早死《はやじ》にすることが多《おお》い、という意味《いみ》。

心配無用《しんぱいむよう》？

世《よ》の中《なか》うそだらけ

わあい、ぼくが百円《ひゃくえん》ドラえもんが五十円《えん》のだ。
ド
の
50 100
しようがない。はやく買《か》ってきてよ。
こづかいが少《すく》ないと、アイスを買《か》うにもいろいろくろうするよ。
まいどありがとう。
クリーム
おっ、アイスか。
ちょうどよかった。一個《こ》ゆずってくれ。
自分《じぶん》で買《か》えば。
店《みせ》までいくのがめんどくさいんだよ。
それとも、おれのたのみきけないってのか。

安《やす》いほうでいいや。ほれ五十円《えん》。
またひとつ買《か》ってこなくちゃ。
ちょっとまった!
やはり百円《ひゃくえん》にする。
あと五十円《えん》くれよ。
どうして?
どうしてってことあるか。五十円《えん》しかはらわないで、もってって!
おまえ頭《あたま》悪《わる》いなあ。
いいか、よく聞《き》けよ。
はじめに五十円《えん》はらったな。
うん。
今《いま》五十円《えん》のアイスわたしたな。
五十円《えん》と五十円《えん》あわせていくら?
ちょうど百円《ひゃくえん》!
百《ひゃく》五十円《えん》もってってどうして五十円《えん》の二個《こ》しか買《か》えないんだよ!
ぼくもはじめはへんだと思《おも》ったんだ。
だけどよく聞《き》いたらわかったよ。

ドラえもんもあまり頭《あたま》よくないね。
むじゃきというか、お人《ひと》よしというか…。
もう少《すこ》しこすっからくてもいいがなあ。
正直者《しょうじきもの》がバカを見《み》る世《よ》の中《なか》なんだから。
ピタピタ
ペタペタ
なんとかしなくちゃ。
「ギシンアンキ」
これをのむとなかなか人《ひと》のいうことを信《しん》じなくなる。
てってい的《てき》にうたがって真相《しんそう》をつきとめようとするんだ。
ああうまかった。
パク
?

ほら、目《め》つきがかわってきた。
よく考《かんが》えてみると……、
やっぱりおかしい！
それでいいんだ。
ごまかしたな！
ごまかしたのはジャイアンだろ。
ほんとか！
それしか考《かんが》えられないだろ。
ウソじゃないだろうな！
しつっこいよ。ジャイアンに聞《き》いてこい！
だますんならのび太《た》だよ。コロッとひっかかるから、おもしろい。
どうやら気《き》がついたらしい。
かるいじょうだんだよ。おこるな、五十円《えん》返《かえ》すから。
五十円《えん》じゃないだろ、百円《ひゃくえん》だろ。
なにいっ、てんだ……このバカ。
ぼくはあれから考《かんが》えぬいたんだ！
よく聞《き》けよ。

きみからもらったのは五十円玉《えんだま》一個《こ》だ……。

そう。

こっちがわたしたのは五十円《えん》と百円《ひゃくえん》のアイスだ。

五十円《えん》のは返《かえ》したぞ。

その五十円《えん》のアイスははじめの五十円《えん》とあわせて、百円《ひゃくえん》のアイスの代金《だいきん》になるんだ。だからもらってないのと同《おな》じだ。

わたしたのが五十円《えん》と百円《ひゃくえん》のアイスで、合計百《ごうけいひゃく》五十円《えん》。もらったのが五十円《えん》。さしひき百円《ひゃくえん》すぐよこせ！

おいまてよ。ややこしくなってきた。

はじめに五十円《えん》だろ。そのお金《かね》は五十円《えん》アイスの五十円《えん》……。

百円《ひゃくえん》よこせ。さあよこせ！

うるせえ！

ゲンコツなんかで引《ひ》きさがらないぞ。

ぼくはお人《ひと》よしすぎたんだ。もうごまかされないからな。

こいつ！

やめろってのに。

百円《ひゃくえん》とるまでは死《し》んでもはなさない。

どろぼう。

百円《ひゃくえん》どろぼう！

かくれてもだめだぞ。
ぼくはもうお人《ひと》よしじゃないからな。
ジャイアンくんにあわせてよ。
るすだけど。
うそでしょ。かくしてるんでしょ。
へんなこというわね。
なんでわたしがうそつくのよ。
調《しら》べさせてもらう。
ジャイアンならむこうにいたよ。
うまいこといって!その手《て》はくわないぞ。
なにいってんだ。
わかった!きみがジャイアンだな。
変装《へんそう》してんだろ。
キャーたすけて。
グイ
どこへかくれた。
ちゃんとわかってんだから。

クスリがききすぎたな。
「スナオン」
キョトキョト
これをのむとすなおに信《しん》じちゃう。
さあのめ。
なんでぼくがそんなものをのむんだよ。
せっかくうたがいぶかくなったのに、なおったらまただまされるぞ。
ははあ、わかった。みんなでぼくをだまして笑《わら》うきだな。
自分《じぶん》がのんでみろ。
アガ
ネズミ！

フヒ
フヒ
ウ～～
ウ～～
なにがワンワンだ。
ネコのくせに。
ブブウ
ブブウだって。自動車《じどうしゃ》がきたようにみせかけているんだ。
工事中
危《き》けん入るな!!
うそをつけ。
やれやれ。
なんとかこれをのませないといのちにかかわるぞ。
このクスリはのんじゃいけない。ドクだから。
うそだ！ぼくにのませるのがおしいんだろ。
ザバ
ザバ
よかった。目《め》つきがかわった。

ええっ、のび太《た》のやつまだおれをさがしまわってるって!
あのようすじゃ、死《し》んでもあきらめないぜ。
しかたない金《かね》を返《かえ》そう。
しかし……、どう考《かんが》えても百円《ひゃくえん》ははらいすぎだと思《おも》うなあ。
五十円《えん》しかはらわないぞ!
まあまて、おれの話《はなし》をきけ。
これは五十円《えん》でも、
ただの五十円《えん》じゃないぞ。
おもてのもようがうらに、うらのがおもてについてるめずらしい五十円《えん》だ。
50
百円《ひゃくえん》のかわりにやろう。
もうかったもうかった。
やっぱりのび太《た》くんはあれでいいのかな。

疑《ぎ》心《しん》暗《あん》鬼《き》

こわ〜い、鬼《おに》と地獄《じごく》の四字熟語《よじじゅくご》があるよ

まんがのなかで、ひみつ道具《どうぐ》の「ギシンアンキ」を飲《の》んだのび太《た》くんは、なんでも疑《うたが》うようになってしまったね。そんな、疑《うたが》い深《ぶか》くなる心《こころ》を表《あらわ》す四字熟語《よじじゅくご》が、ズバリ、**「疑心暗鬼《ぎしんあんき》」**だ。これは、前《まえ》の「朝三暮四《ちょうさんぼし》」でも出《で》てきた『列子《れっし》』という本《ほん》のなかにあるお話《はなし》から生《う》まれた言葉《ことば》だよ（20〜23ページも見《み》てね）。こんなお話《はなし》だ。

ある人《ひと》が、自分《じぶん》の斧《おの》をなくして、となりの家《いえ》の息子《むすこ》が盗《ぬす》んだのではないかと疑《うたが》った。そこで、その息子《むすこ》の様子《ようす》をひそかに見《み》ていると、なんだかとてもあやしい感《かん》じ。歩《ある》き方《かた》も顔《かお》つきも話《はな》し方《かた》も、息子《むすこ》の言動《げんどう》のすべてが疑《うたが》わしく思《おも》えてくるんだ。

ところが、ある日《ひ》、山《やま》で斧《おの》が見《み》つかった。自分《じぶん》が山《やま》に置《お》き忘《わす》れていたわけだ。すると、その後《あと》からは、となりの息子《むすこ》を見《み》ても、まったくあやしく見《み》えなくなったというんだ。

この話《はなし》を取《と》り上《あ》げた『列子《れっし》』の解説書《かいせつしょ》に、「これが『疑心《ぎしん》、暗鬼《あんき》を生《しょう》ず』ということだ」と書《か》かれている。「疑心《ぎしん》」とは疑《うたが》う気持《きも》ち、「暗鬼《あんき》」とは暗《くら》やみの鬼《おに》、という意味《いみ》だよ。

つまり、暗《くら》やみというだけで、何《なに》かがいるかもしれないと疑《うたが》ってかかれば、実際《じっさい》にはいない鬼《おに》やお化《ば》けが見《み》えてしまう、ということなんだ。みんなも、夜道《よみち》や夜《よる》の学校《がっこう》には、何《なに》かこわいものが出《で》るんじゃないかと思《おも》っちゃうこと、あるでしょ？

そこから、何《なに》ごとも疑《うたが》ってかかれば、なんでもないことでもこわいと思《おも》ったり、あやしく感《かん》じたりしてしまう、ということを表《あらわ》す言葉《ことば》になったんだよ。

「疑心暗鬼《ぎしんあんき》」になると、疑《うたが》いの心《こころ》がどんどん自分《じぶん》を追《お》いこんで、人《ひと》も自分《じぶん》も信用《しんよう》できなくなってしまうことがあるんだ。とてもおそろしいものだね。

もし「疑心暗鬼《ぎしんあんき》」になりそうになったら、「暗《くら》やみに鬼《おに》は絶対《ぜったい》にいない」と思《おも》って、冷静《れいせい》になってまわりを見《み》てよく考《かんが》えたり、だれかに相談《そうだん》したりすることが大切《たいせつ》だよ。

ところで、こわい鬼《おに》といえば地獄《じごく》にいるものだけど、地獄《じごく》についての四字熟語《よじじゅくご》もあるよ。「疑心暗鬼《ぎしんあんき》」もおそろしいけど、地獄《じごく》の四字熟語《よじじゅくご》は、すさまじくこわいんだ。

まず、**「阿鼻叫喚《あびきょうかん》」**という言葉《ことば》。

仏教《ぶっきょう》（71ページを見《み》てね）では、地獄《じごく》には八大地獄《はちだいじごく》という八《やっ》つの地獄《じごく》があるといわれている。その中《なか》の四番目《よんばんめ》が「叫喚地獄《きょうかんじごく》」、いちばんひどい罪《つみ》を犯《おか》した人《ひと》が行《い》くのが「阿鼻地《あびじ》獄《ごく》」（または「無間地獄《むけんじごく》」）と呼《よ》ばれるところなんだ。

「阿鼻地獄《あびじごく》」では、鬼《おに》たちによって、地獄《じごく》の中《なか》でも最《もっと》もひどい仕打《しう》ちがなされるそうだ。ここに落《お》ちた亡者《もうじゃ》は助《たす》けを求《もと》めて泣《な》き叫《さけ》ぶ。「叫喚《きょうかん》」とは、泣《な》き叫《さけ》ぶという意味《いみ》だ。

ここから、とてもつらくてひどい状況《じょうきょう》のときに、泣《な》き叫《さけ》んで助《たす》けを求《もと》める様子《ようす》を「阿鼻《あび》叫喚《きょうかん》」というようになったんだ。

たとえば、事件《じけん》や災害《さいがい》などで人々《ひとびと》がにげまどっている様子《ようす》などを、「まるで阿鼻叫喚《あびきょうかん》の様相《ようそう》だった」などというんだけど、あまり使《つか》いたくない言葉《ことば》だね。

また、地獄《じごく》で亡者《もうじゃ》たちを苦《くる》しめる鬼《おに》のことを**「牛頭馬頭《ごずめず》」**という。字《じ》のとおり、頭《あたま》が牛《うし》で体《からだ》が人《ひと》の「牛頭《ごず》」と、頭《あたま》が馬《うま》で体《からだ》が人《ひと》の「馬頭《めず》」という二匹《にひき》の鬼《おに》を表《あらわ》しているんだ。これは、仏教《ぶっきょう》の本《ほん》にも登場《とうじょう》する、地獄《じごく》の鬼《おに》なんだよ。

ここから、情《なさ》け容赦《ようしゃ》なく他人《たにん》を苦《くる》しめるような人《ひと》のことを、「牛頭馬頭《ごずめず》のようだ」ということもあるんだ。

なんだか、こわい四字熟語《よじじゅくご》ばかり見《み》てきて、気持《きも》ちが暗《くら》くなってしまったね。じゃあ最《さい》後《ご》に、こわくない「鬼《おに》」の四字熟語《よじじゅくご》を紹介《しょうかい》しよう。

「鬼面仏心《きめんぶっしん》」という言葉《ことば》がある。これは、顔《かお》は鬼《おに》でも心《こころ》は仏様《ほとけさま》、という意味《いみ》。つまり、見《み》た目《め》はこわくても、心《こころ》はとてもおだやかでやさしいという意味《いみ》だよ。

きみたちのまわりにも「鬼面仏心《きめんぶっしん》」の人《ひと》はいるんじゃないかな。人間《にんげん》、見《み》た目《め》じゃない。本当《ほんとう》にこわい鬼《おに》と、仏様《ほとけさま》の心《こころ》をもつ鬼《おに》を、しっかり見極《みきわ》めることが大事《だいじ》だね。

疑心暗鬼《ぎしんあんき》

なんでもないつまらないことまで、おそろしく感《かん》じたり疑《うたが》ったりすること。

信《しん》じられない
よお、のび太《た》。このお菓子《かし》、おまえにやるよ。
ええ～!! ジャイアンがお菓子《か し》をぼくに!?
なんだかあやしい…。
クンクン
あまったからやるだけだっつーの!!
ふだんがアレだから、信用《しんよう》されてない…。

以《い》心《しん》伝《でん》心《しん》

仏教《ぶっきょう》から生《う》まれた、心《こころ》が通《つう》じあう四字熟語《よじじゅくご》

お父《とう》さんが「あれ」と言《い》うと、お母《かあ》さんがお茶《ちゃ》を持《も》ってきて、お父《とう》さんはおいしそうにそれを飲《の》んだ。――というような場面《ばめん》を見《み》て、おどろいた、みたいなこと、ないかな？

お父《とう》さんがはっきりと言《い》わなくても、お母《かあ》さんは、お父《とう》さんの必要《ひつよう》なものがわかったんだ。それは、お父《とう》さんとお母《かあ》さんの心《こころ》と心《こころ》が通《つう》じ合《あ》っているから。

これが、**「以心伝心《いしんでんしん》」**だ。

そこまでじゃなくても、きみも、家族《かぞく》やなかよしの友達《ともだち》の考《かんが》えていることが、なんとなくわかることってあるんじゃないかな。

「お母《かあ》さんは、何《なに》も言《い》わないけど、ぼくにお手伝《てつだ》いしなさいって思《おも》ってるみたい」

「○○ちゃんは、あの子《こ》のことが好《す》きで、それを、私《わたし》に打《う》ち明《あ》けたいみたいだ」

と感《かん》じたら、それは「以心伝心《いしんでんしん》」。

「以心伝心《いしんでんしん》」というのは、言葉《ことば》や文字《もじ》を使《つか》わなくてもおたがいの気持《きも》ちが通《つう》じ合《あ》うということで、とてもよく使《つか》われる四字熟語《よじじゅくご》なんだ。

これはもともと、仏教《ぶっきょう》という宗教《しゅうきょう》の言葉《ことば》なんだよ。

仏教《ぶっきょう》は今《いま》から二千五百年《にせんごひゃくねん》ほど前《まえ》にインドで生《う》まれたといわれるけど、始《はじ》めたのは釈迦《しゃか》という人《ひと》。つまり、おしゃか様《さま》だ。きみも聞《き》いたことがあるんじゃないかな？

このおしゃか様《さま》が弟子《でし》を集《あつ》めて説法《せっぽう》（仏教《ぶっきょう》の教《おし》えを伝《つた》えるお話《はなし》）をしたときのこと。

おしゃか様《さま》は、何《なに》も言《い》わず、花《はな》を手《て》に持《も》って、それをひねってみせた。弟子《でし》たちはみんな、わけがわからないから、だまっていたんだ。

でも、ただ一人《ひとり》、迦葉《かしょう》という弟子《でし》だけが、にっこり笑《わら》ったのだった。迦葉《かしょう》は、おしゃか様《さま》の動《うご》きの意味《いみ》を理解《りかい》したんだね。

それを見《み》たおしゃか様《さま》が言《い》った。

「迦葉《かしょう》、おまえに仏教《ぶっきょう》の教《おし》えを伝《つた》えましたよ」

このとき、おしゃか様《さま》は、教《おし》えを文字《もじ》や言葉《ことば》にしないで、ただ、心《こころ》で伝《つた》えたんだって。

心《こころ》で教《おし》えを伝《つた》えるなんて、すごくむずかしそうだね。でも、仏教《ぶっきょう》の禅宗《ぜんしゅう》という宗派《しゅうは》の教《おし》えでは、この「以心伝心《いしんでんしん》」はとても大切《たいせつ》な言葉《ことば》なんだ。

仏教《ぶっきょう》の教《おし》えを完全《かんぜん》に理解《りかい》することを「悟《さと》り」というんだけど、禅宗《ぜんしゅう》の悟《さと》りというのは、言葉《ことば》や文字《もじ》ではうまく説明《せつめい》できないもので、心《こころ》でわかるべきものなんだよ。

そこから、言葉《ことば》がなくても心《こころ》で伝《つた》え合《あ》うことを、「以心伝心《いしんでんしん》」というようになったんだ。

仏教《ぶっきょう》の「以心伝心《いしんでんしん》」は師匠《ししょう》と弟子《でし》の心《こころ》。でも、ふだん使《つか》われる「以心伝心《いしんでんしん》」は、気持《きも》ちの通《つう》じ合《あ》う人《ひと》と人《ひと》の心《こころ》だ。おたがいを信《しん》じ合《あ》える、すてきな言葉《ことば》だね。

ところで、仏教《ぶっきょう》から生《う》まれた四字熟語《よじじゅくご》はほかにもいろいろあって、ふだんよく使《つか》われるものも多《おお》いよ。

その一《ひと》つが、「**一蓮托生**《いちれんたくしょう》」だ。

たとえば、きみが友達《ともだち》といっしょに教室《きょうしつ》で走《はし》り回《まわ》って遊《あそ》んでいるとき、友達《ともだち》がまどガラスを割《わ》ってしまった。自分《じぶん》が割《わ》ったんじゃないけど、いっしょに先生《せんせい》におこられよう。

「もうこうなったら、きみとぼくは、一蓮托生《いちれんたくしょう》だ！」

というときに使《つか》う言葉《ことば》なんだ。

なかまとともに、いいことも悪《わる》いことも、すべての運命《うんめい》をともにするということだけど、どちらかといえば、悪《わる》い運命《うんめい》のときに、ちょっとやけっぱちで使《つか》うことが多《おお》いよ。

ふつう、人《ひと》は死《し》んだら極楽《ごくらく》（天国《てんごく》）に行《い》くらしい。極楽《ごくらく》には、蓮《はす》の花《はな》がたくさんさいていて、その上《うえ》で、仏《ほとけ》さまとなって生《う》まれ変《か》わるそうなんだ。

「一蓮托生《いちれんたくしょう》」というのは、死《し》んだ後《あと》、同《おな》じ蓮《はす》の上《うえ》に生《う》まれるという意味《いみ》なんだよ。

死《し》んだ後《あと》も同《おな》じ蓮《はす》の花《はな》の上《うえ》で生《う》まれるなんて、すごく縁《えん》が深《ふか》いということだよね。

以心伝心《いしんでんしん》

無言《むごん》のうちに心《こころ》が通《つう》じ合《あ》うこと。口《くち》で説明《せつめい》しなくても、自然《しぜん》に相手《あいて》に通《つう》じること。

傍《ぼう》若《じゃく》無《ぶ》人《じん》

こうなってはいけない四字熟語《よじじゅくご》だよ

前《まえ》のページでもたくさん出《で》てきたように、中国《ちゅうごく》の春秋戦国時代《しゅんじゅうせんごくじだい》の物語《ものがたり》から生《う》まれた四字《よじ》熟語《じゅくご》はいろいろあったね。この「**傍若無人**《ぼうじゃくぶじん》」も、そんな時代《じだい》の話《はなし》から生《う》まれた言葉《ことば》だよ。

中国《ちゅうごく》はたくさんの小《ちい》さな国《くに》に分《わ》かれて戦《たたか》っていたけど、その一《ひと》つに燕《えん》という国《くに》があった。

この燕《えん》の国《くに》に、荊軻《けいか》という殺《ころ》し屋《や》がいた。荊軻《けいか》はお酒《さけ》が大好《だいす》きで、毎日《まいにち》、友達《ともだち》の高漸離《こうぜんり》たちといっしょに、町《まち》でお酒《さけ》を飲《の》んでいたんだ。

高漸離《こうぜんり》は楽器《がっき》が得意《とくい》で、お酒《さけ》を飲《の》んで盛《も》り上《あ》がってくると楽器《がっき》を鳴《な》らし、荊軻《けいか》がそれに合《あ》わせて歌《うた》って楽《たの》しんでいた。

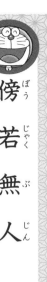

さらに気分《きぶん》が高《たか》まると、おたがいに泣《な》き出《だ》すなど、その様子《ようす》は、傍若無人《ぼうじゃくぶじん》だったという。

これは、『史記《しき》・刺客列伝《しかくれつでん》』という、中国《ちゅうごく》の歴史書《れきししょ》の、刺客《しかく》（殺《ころ》し屋《や》）について書《か》かれた本《ほん》に出《で》てくるエピソードだよ。

ここに出《で》てくる「傍若無人《ぼうじゃくぶじん》」とは、「傍《かたわ》ら（周囲《しゅうい》）に人無《ひとな》きが若《ごと》し」ということ。つまり、まわりに人《ひと》がいないかのように大《おお》さわぎしていた、という意味《いみ》だ。とてもめいわくな人《ひと》たちだね。

ここから、まわりの人《ひと》のことを考《かんが》えないで自分勝手《じぶんかって》にふるまうことを、「傍若無人《ぼうじゃくぶじん》」というようになったんだよ。

たとえば、混《こ》んでいる電車《でんしゃ》の座席《ざせき》に荷物《にもつ》を置《お》いて知《し》らん顔《かお》している人《ひと》、授業中《じゅぎょうちゅう》にさわいで授業《じゅぎょう》のじゃまをする人《ひと》などは、「傍若無人《ぼうじゃくぶじん》」な人《ひと》だね。

ところで、前《まえ》の項目《こうもく》で出《で》てきた、「以心伝心《いしんでんしん》」のエピソードを覚《おぼ》えているかな。仏教《ぶっきょう》を開《ひら》いた釈迦《しゃか》――おしゃか様《さま》の話《はなし》だ。

あるとき、おしゃか様《さま》が、弟子《でし》たちの前《まえ》で花《はな》を手《て》にしてひねってみせた。みんなだまっていたけど、ただ一人《ひとり》、その意味《いみ》がわかって笑《わら》った迦葉《かしょう》という弟子《でし》に、心《こころ》で仏教《ぶっきょう》の教《おし》えを伝《つた》えた、という話《はなし》だったね。

この話《はなし》を引《ひ》き合《あ》いに出《だ》して、おしゃか様《さま》のことを「傍若無人《ぼうじゃくぶじん》だ！」とおこった人《ひと》がいる。

それが、中国《ちゅうごく》の宋《そう》という時代《じだい》のお坊《ぼう》さん、無門慧開《むもんえかい》という人《ひと》だ。宋《そう》は、「佳人薄命《かじんはくめい》」の項目《こうもく》（52ページ）に出《で》てきた国《くに》だよ。おしゃか様《さま》の時代《じだい》から千五百年《せんごひゃくねん》以上《いじょう》も後《あと》に、慧開《えかい》は『無門関《むもんかん》』という本《ほん》のなかで、「以心伝心《いしんでんしん》」の話《はなし》をあげて、こう言《い》っている。

「この、金色《こんじき》の釈迦《しゃか》という人《ひと》は、なんという傍若無人《ぼうじゃくぶじん》なんだ。善良《ぜんりょう》な人々《ひとびと》をどれいのようにしているし、羊頭狗肉《ようとうくにく》じゃないか。ふつうの人《ひと》にできることではない。

もし、そのとき、弟子《でし》たち全員《ぜんいん》が笑《わら》っていたら、どうやって仏教《ぶっきょう》の教《おし》えを伝《つた》えたのだろうか。もし、迦葉《かしょう》が笑《わら》わなかったらどうしたのだろう。教《おし》えを伝《つた》えたというなら、釈迦《しゃか》はみんなをだましたのだ。もし、伝《つた》えることができないというのなら、どうして迦葉《かしょう》にだけ伝《つた》えたといえるのだろうか」

おしゃか様《さま》は体《からだ》が金色《きんいろ》にかがやいていたといわれるけど、「金色《こんじき》の釈迦《しゃか》」という表現《ひょうげん》から、慧開《えかい》はおしゃか様《さま》をからかっている感《かん》じだね。

また、ここには「**羊頭狗肉**《ようとうくにく》」という言葉《ことば》も出《で》てくるけど、これもよく使《つか》われる四字熟語《よじじゅくご》だ。「**羊頭《ようとう》をかけて狗肉《くにく》を売《う》る**」ともいうよ。「狗《く》」は犬《いぬ》のことだ。

これは、肉《にく》を売《う》る店《みせ》の看板《かんばん》に羊《ひつじ》の頭《あたま》をかかげて、実際《じっさい》は犬《いぬ》の肉《にく》を売《う》っている、という意《い》味《み》なんだ。羊《ひつじ》の肉《にく》はりっぱなもの、犬《いぬ》の肉《にく》は粗末《そまつ》なものを表《あらわ》しているんだよ。

ここから「羊頭狗肉《ようとうくにく》」とは、みかけや宣伝《せんでん》はりっぱだけど実際《じっさい》はちがうという意味《いみ》で、ごまかしていることをいう言葉《ことば》になったんだ。

おしゃか様《さま》はブッダ（仏陀《ぶっだ》）と呼《よ》ばれ、今《いま》でも世界中《せかいじゅう》の人《ひと》から尊敬《そんけい》されているすごい人《ひと》なんだ。そんなりっぱなおしゃか様《さま》を、「傍若無人《ぼうじゃくぶじん》」で「羊頭狗肉《ようとうくにく》」、つまり自分勝手《じぶんかって》でうそつきだと批判《ひはん》しているなんて、無門慧開《むもんえかい》も、なかなかすごい人《ひと》だよね。

傍若無人《ぼうじゃくぶじん》

人前《ひとまえ》でも関係《かんけい》なく、勝手《かって》気《き》ままなことをしたり言《い》ったりすること。

孟《もう》母《ぼ》三《さん》遷《せん》

こんな教育《きょういく》ママなら悪《わる》くないかも？

いちばん最初《さいしょ》の「電光石火《でんこうせっか》」の項目《こうもく》（16ページ）に、儒教《じゅきょう》という思想《しそう》が出《で》てきたね。この儒教《じゅきょう》を広《ひろ》めたのが、孟子《もうし》という人《ひと》。今《いま》も尊敬《そんけい》されている中国《ちゅうごく》の思想家《しそうか》だ。**「孟母三遷《もうぼさんせん》」**という四字熟語《よじじゅくご》の「孟母《もうぼ》」とは、この孟子《もうし》のお母《かあ》さんのことなんだよ。

孟子《もうし》が子《こ》どものころ、最初《さいしょ》に住《す》んでいた家《いえ》の近《ちか》くには墓場《はかば》があった。そこでお葬式《そうしき》を見《み》た孟子《もうし》は、お葬式《そうしき》ごっこをして遊《あそ》んでいたんだ。

それを見《み》た孟子《もうし》のお母《かあ》さんは、

「この場所《ばしょ》はこの子《こ》にとってよくないわ」

と言《い》って、市場《いちば》の近《ちか》くに引《ひ》っ越《こ》しをした。

すると、今度《こんど》は孟子《もうし》が、市場《いちば》に来《く》る商人《しょうにん》のまねをして遊《あそ》ぶようになったんだ。

「ああ、商売《しょうばい》のかけひきのまねをするなんて、この場所《ばしょ》もよくないわ」

と、今度《こんど》は、学校《がっこう》の近《ちか》くに引《ひ》っ越《こ》しをした。

そうすると、孟子《もうし》は、礼儀作法《れいぎさほう》のまねをするようになったんだよ。

「ここは、この子《こ》にとってとてもいい場所《ばしょ》だわ」

そして孟子《もうし》のお母《かあ》さんは、ここにずっと住《す》むことに決《き》めたんだって。

この話《はなし》から、「孟母三遷《もうぼさんせん》」というのは、子《こ》どもの教育《きょういく》のためには、環境《かんきょう》が大切《たいせつ》だ、という意味《いみ》になったんだ。

きみも、まわりの環境《かんきょう》に影響《えいきょう》されることってあるよね。

また、この言葉《ことば》は、教育《きょういく》ママのたとえにも使《つか》われる。教育《きょういく》ママといっても、ただきびしいだけじゃなくて、いい意味《いみ》で、教育熱心《きょういくねっしん》なお母《かあ》さんということだよ。

孟子《もうし》の母《はは》についてはもう一《ひと》つ、**「孟母断機《もうぼだんき》」**という四字熟語《よじじゅくご》もある。これは、学問《がくもん》などの物事《ものごと》をとちゅうでやめてはいけない、という意味《いみ》なんだ。

あるとき、孟子《もうし》が、勉強《べんきょう》をとちゅうでやめて家《いえ》に帰《かえ》ると、母《はは》は機織《はたお》り（28ページを見《み》てね）をしていて、孟子《もうし》にたずねた。

「勉強《べんきょう》はどのくらい進《すす》みましたか？」

「あまり変《か》わりません」

孟子《もうし》がこう答《こた》えると、母《はは》は、織物《おりもの》をとちゅうで断《た》ち切《き》って、こう言《い》った。

「あなたが勉強《べんきょう》をやめるのは、私《わたし》が機織《はたお》りをやめるのと同《おな》じことなんですよ！」

孟子《もうし》の母《はは》は、機織《はたお》りをして家計《かけい》をささえていたんだ。

それを聞《き》いた孟子《もうし》は、心《こころ》を入《い》れかえて、一日中勉学《いちにちじゅうべんがく》にはげむようになったんだって。

この二《ふた》つの言葉《ことば》は**「孟母三遷《もうぼさんせん》の教《おし》え」「孟母断機《もうぼだんき》の教《おし》え」**ともいうよ。

こんなお母《かあ》さんのおかげで、孟子《もうし》は天下《てんか》に名《な》を知《し》られる思想家《しそうか》になったんだね。

きみのママも、きみの環境《かんきょう》や勉強《べんきょう》のことについてあれこれ言《い》うかもしれない。

でも、それはきみがりっぱな大人《おとな》になるために考《かんが》えているんだと思《おも》えば、あまり腹《はら》も立《た》たないよね。

ところで、母《はは》がつく四字熟語《よじじゅくご》は、ほかにもいろいろあるよ。

「良妻賢母《りょうさいけんぼ》」という言葉《ことば》を聞《き》いたことはないかな。夫《おっと》にとってよい妻《つま》で、子《こ》どもにとってよい母《はは》、という意味《いみ》で使《つか》われるんだよ。

ほかには「乳母日傘《おんばひがさ》」という言葉《ことば》がある。

「乳母《おんば》」とは、母親《ははおや》のかわりに子《こ》どもを育《そだ》てる女性《じょせい》のことで、昔《むかし》の身分《みぶん》の高《たか》い家《いえ》では、そういう女性《じょせい》を雇《やと》うことが多《おお》かったんだ。

乳母《おんば》に日傘《ひがさ》をさしかけられるように、大切《たいせつ》に育《そだ》てられるという意味《いみ》で、とくに小《ちい》さい子《こ》どもが、必要以上《ひつよういじょう》に甘《あま》やかされて育《そだ》てられることをいうよ。

乳母日傘《おんばひがさ》もいいけど、孟子《もうし》のようにきびしく育《そだ》てられることも大切《たいせつ》かもしれないね。

孟母三遷《もうぼさんせん》

子《こ》どもの教育《きょういく》には、よい環境《かんきょう》が必要《ひつよう》だということ。また、教育熱心《きょういくねっしん》な母《はは》親《おや》のたとえ。

勉強《べんきょう》するよ！

温《おん》故《こ》知《ち》新《しん》

『論語《ろんご》』から生《う》まれた四字熟語《よじじゅくご》を覚《おぼ》えよう

孔子《こうし》という人《ひと》の名前《なまえ》を聞《き》いたことはないかな。

前《まえ》の項目《こうもく》の「孟母三遷《もうぼさんせん》」で出《で》てきた孟子《もうし》よりも、百年以上《ひゃくねんいじょう》も前《まえ》の思想家《しそうか》だ。孟子《もうし》が儒教《じゅきょう》を広《ひろ》めた人《ひと》なら、孔子《こうし》は儒教《じゅきょう》を始《はじ》めた人《ひと》。仏教《ぶっきょう》を始《はじ》めた釈迦《しゃか》（71ページに出《で》てきたよ）といっしょに覚《おぼ》えておくといいよ。

儒教《じゅきょう》も仏教《ぶっきょう》と同《おな》じで、今《いま》から二千五百年《にせんごひゃくねん》ぐらい前《まえ》にできた。千五百年《せんごひゃくねん》ぐらい前《まえ》には日本《にっぽん》にも伝《つた》わって、現代《げんだい》でも、東《ひがし》アジアで大《おお》きな影響《えいきょう》を与《あた》えている思想《しそう》なんだよ。

その孔子《こうし》の言葉《ことば》が書《か》かれた、『論語《ろんご》』という本《ほん》がある。この『論語《ろんご》』には、現代《げんだい》にも通用《つうよう》するような、さまざまな教《おし》えが書《か》かれていて、今《いま》も多《おお》くの人《ひと》に読《よ》まれているんだ。

そのなかの一《ひと》つに、

「子曰《しいわ》く、故《ふる》きを温《たず》ねて新《あたら》しきを知《し》る、もって師為《した》るべし」

という言葉《ことば》がある（「故《ふる》きを温《あたた》めて」と読《よ》むこともあるよ）。

「子《し》」というのは、孔子《こうし》のことをさしているんだ。『論語《ろんご》』は、孔子《こうし》が亡《な》くなった後《あと》に弟子《でし》たちが書《か》いたものなので、「先生《せんせい》」ということだね。意味《いみ》は、

「先生《せんせい》（孔子《こうし》）がおっしゃいました。古《ふる》いことをよく学《まな》んで新《あたら》しい道理《どうり》を知《し》ることができる人《ひと》は、人《ひと》を教《おし》える師《し》となることができるだろう、と」

この言葉《ことば》から、**「温故知新《おんこちしん》」**という、学問《がくもん》には欠《か》かせない四字熟語《よじじゅくご》が生《う》まれたんだ。

昔《むかし》のことを研究《けんきゅう》したり調《しら》べたりして、そこから新《あたら》しい知識《ちしき》を得《え》る、という意味《いみ》だ。また、今《いま》の問題《もんだい》を解決《かいけつ》するために過去《かこ》のことをお手本《てほん》にする、というときにも使《つか》われるんだよ。

この『論語《ろんご》』からは、ほかにもたくさんの四字熟語《よじじゅくご》が生《う》まれているんだ。

たとえば、**「巧言令色《こうげんれいしょく》」**という言葉《ことば》。これは、

「子曰《しいわ》く、巧言令色《こうげんれいしょく》、鮮《すく》なし仁《じん》」

という言葉《ことば》から生《う》まれたものだ。

「巧言令色《こうげんれいしょく》」というのは、口《くち》がうまくて、うわべだけいい顔《かお》をして、相手《あいて》にこびへつらう

ことをいうんだけど、そういう人《ひと》は「仁《じん》」の心《こころ》が少《すく》ない、と孔子《こうし》は言《い》っているんだ。

「仁《じん》」の心《こころ》というのは、他人《たにん》への思《おも》いやりという意味《いみ》で、とても大切《たいせつ》な気持《きも》ちなんだよ。

「巧言令色《こうげんれいしょく》」の人《ひと》とは、たとえば、力《ちから》のある人《ひと》にゴマをすって、気《き》に入《い》られようとするような人《ひと》のこと。また、詐欺師《さぎし》なども「巧言令色《こうげんれいしょく》」だ。人《ひと》をうまくだまそうとして近《ちか》づいてくるんだ。

「巧言令色《こうげんれいしょく》」には気《き》をつけなければいけない、と、孔子《こうし》は注意《ちゅうい》しているんだね。

もう一《ひと》つ、『論語《ろんご》』から生《う》まれた、すてきな四字熟語《よじじゅくご》をあげてみよう。「**四海兄弟**《しかいけいてい》」だ。

これは、孔子《こうし》ではなく、その弟子《でし》の、子夏《しか》という人《ひと》の言葉《ことば》なんだ。

あるとき、司馬牛《しばぎゅう》という孔子《こうし》の弟子《でし》が、悲《かな》しそうに言《い》った。

「みんな、兄弟《きょうだい》がいるのに、私《わたし》には兄弟《きょうだい》がいなくて悲《かな》しいです」

すると、子夏《しか》は、こう答《こた》えた。

「生《い》きるのも死《し》ぬのも、お金持《かねも》ちなのも貧《まず》しいのも、天命《てんめい》（天《てん》の定《さだ》めた運命《うんめい》）だと、私《わたし》は聞《き》いています。兄弟《きょうだい》がいないのも天命《てんめい》ですよ。君子《くんし》（すぐれた人物《じんぶつ》）は、つつしみ深《ぶか》く、他人《たにん》に対《たい》して礼儀正《れいぎただ》しければ、四海《しかい》の内《うち》（世界中《せかいじゅう》）の人《ひと》が、みんな兄弟《きょうだい》ではないでしょうか。どうして君子《くんし》であるあなたが、兄弟《きょうだい》がいないと悲《かな》しむ必要《ひつよう》があるのでしょう」

「四海《しかい》」とは国《くに》を取《と》り囲《かこ》む四方《しほう》の海《うみ》ということから、世界中《せかいじゅう》という意味《いみ》を表《あらわ》しているんだ。

ここから、「四海兄弟《しかいけいてい》」というのは、国《くに》や人種《じんしゅ》に関係《かんけい》なく、世界中《せかいじゅう》の人《ひと》がなかよくしよう、という言葉《ことば》になったんだよ。

世界中《せかいじゅう》の人《ひと》が「四海兄弟《しかいけいてい》」の気持《きも》ちをもっていれば、戦争《せんそう》もない、平和《へいわ》な世《よ》の中《なか》がつくれるんだ。きみたちも、大人《おとな》になっても「四海兄弟《しかいけいてい》」の気持《きも》ちを忘《わす》れないようにしようね。

温故知新《おんこちしん》

昔《むかし》のことを研究《けんきゅう》して、そこから新《あたら》しい知識《ちしき》などを見《み》つけ出《だ》すこと。

戻《もど》りたい
故《ふる》きを温《たず》ねて
何《なに》を見《み》ているの？
一年生《いちねんせい》の算数《さんすう》だよ。簡単《かんたん》だったなあ。
1+1=2
2+3=5
さんすうドリ
①
新《あたら》しきを知《し》る
それに比《くら》べて今習《いまなら》っている算数《さんすう》は難《むずか》しすぎ!!
あ〜ん、一年生《いちねんせい》に戻《もど》りたいよ〜!!
おいおい……。
21/2.814
5.18
×2.85

切《せっ》磋《さ》琢《たく》磨《ま》

人間《にんげん》も石《いし》も、みがくとりっぱになる！

前《まえ》の「温故知新《おんこちしん》」の項目《こうもく》に出《で》てきた、『論語《ろんご》』に書《か》かれている有名《ゆうめい》な四字熟語《よじじゅくご》を、もう一《ひと》つ紹介《しょうかい》するよ。**「切磋琢磨《せっさたくま》」**という言葉《ことば》だ。

でも、これはもともと『論語《ろんご》』ではなく、『詩経《しきょう》』という、中国《ちゅうごく》で最《もっと》も古《ふる》い詩集《ししゅう》に書《か》かれていたものなんだよ。

『詩経《しきょう》』にのっている「淇澳《きいく》」という詩《し》に、

「切《せっ》するが如《ごと》く、磋《さ》するが如《ごと》く、琢《たく》するが如《ごと》く、磨《ま》するが如《ごと》し」

という表現《ひょうげん》が出《で》てくる。

昔《むかし》は、骨《ほね》や象牙《ぞうげ》、石《いし》などを細工《さいく》して、きれいにみがいて、道具《どうぐ》やアクセサリーや美術品《びじゅつひん》などをつくっていたんだけど、そのときの様子《ようす》を表《あらわ》しているものだ。

「切《せっ》する」「磋《さ》する」とは、骨《ほね》や象牙《ぞうげ》を刀《かたな》で切《き》り取《と》り、さらにそれを研《と》いできれいにすることをいう。また「琢《たく》する」「磨《ま》する」というのは、石《いし》や宝石《ほうせき》をのみという道具《どうぐ》で打《う》って、それを砥石《といし》などでみがいてきれいにすることをいうんだ。

そして、この四《よっ》つの漢字《かんじ》を並《なら》べたのが、「切磋琢磨《せっさたくま》」という言葉《ことば》。これは、学問《がくもん》や技術《ぎじゅつ》、人間性《にんげんせい》などにみがきをかけて、よりすぐれたものにする、という意味《いみ》を表《あらわ》すんだよ。

この「淇澳《きいく》」という詩《し》は、「切磋琢磨《せっさたくま》」していつも向上心《こうじょうしん》をもっている、りっぱな王様《おうさま》を、工芸品《こうげいひん》をつくる様子《ようす》にたとえて、ほめたたえたものだといわれているんだ。

『論語《ろんご》』のなかの「切磋琢磨《せっさたくま》」は、次《つぎ》のような話《はなし》に出《で》てくるよ。

孔子《こうし》の弟子《でし》の子貢《しこう》が孔子《こうし》にたずねた。

「貧《まず》しいけれど相手《あいて》に媚《こ》びない（ご機嫌《きげん》とりをしない）人《ひと》や、裕福《ゆうふく》だけどいばらない人《ひと》を、どう思《おも》いますか」

孔子《こうし》が答《こた》えて言《い》った。

「いいですね。でも、貧《まず》しいけれど学問《がくもん》を楽《たの》しむ人《ひと》や、裕福《ゆうふく》だけど礼儀《れいぎ》正《ただ》しい人《ひと》には、かなわないでしょう」

それを聞《き》いた子貢《しこう》は、さらにたずねた。

「『詩経《しきょう》』のなかで、『切《せつ》するが如《ごと》く、磋《さ》するが如《ごと》く、琢《たく》するが如《ごと》く、磨《ま》するが如《ごと》し』というのは、そのようなことをいうのでしょうか」

孔子《こうし》は答《こた》えて言《い》った。

「子貢《しこう》よ、お前《まえ》とは詩《し》について語《かた》り合《あ》うことができるなあ。おまえは、往《おう》を告《つ》げて来《らい》を知《し》ることができるのだから」

最後《さいご》の**「往《おう》を告《つ》げて来《らい》を知《し》る」**というのは、過去《かこ》のことを聞《き》いただけで未来《みらい》のことを考《かんが》えられるということ。「往《おう》」は過去《かこ》、「来《らい》」は未来《みらい》という意味《いみ》だ。そこから、少《すこ》し聞《き》いただけで次《つぎ》に何《なに》を言《い》おうとしているかわかるという意味《いみ》を表《あらわ》しているんだ。よく使《つか》われる**「一《いち》を聞《き》いて十《じゅう》を知《し》る」**ということわざと同《おな》じ意味《いみ》だね。

そして、この言葉《ことば》は**「告往知来《こくおうちらい》」**という四字熟語《よじじゅくご》にもなっているよ。

つまり孔子《こうし》は、子貢《しこう》のことを、少《すこ》し話《はな》しただけで孔子《こうし》の言《い》いたいことをわかってくれた、とても理解力《りかいりょく》があって話《はなし》のわかる弟子《でし》だと、ほめているんだね。

ところで、「切磋琢磨《せっさたくま》」という言葉《ことば》は、自分《じぶん》で自分《じぶん》をみがくという意味《いみ》だけでなく、ほかの人《ひと》と競《きそ》い合《あ》って向上《こうじょう》していく、という意味《いみ》で使《つか》われることが多《おお》いんだよ。

学校以外《がっこういがい》でも、塾《じゅく》やスポーツクラブや習《なら》い事《ごと》など、きみたちも仲間《なかま》といっしょにがんばっていることも多《おお》いだろう。そのなかで、おたがいにいい影響《えいきょう》を与《あた》え合《あ》って成長《せいちょう》していくのが、「切磋琢磨《せっさたくま》」ということなんだよ。

このように『論語《ろんご》』には、ためになる言葉《ことば》がたくさんのっている。子《こ》ども向《む》けの『論語《ろんご》』の本《ほん》もたくさん出《で》ているので、きみも読《よ》んでみてはどうだろう。

切磋琢磨《せっさたくま》
技《わざ》などをみがき上《あ》げること。また、仲間同士《なかまどうし》がたがいにはげまし合《あ》い、また競《きそ》い合《あ》って向上《こうじょう》すること。

大《たい》器《き》晩《ばん》成《せい》

老子《ろうし》の名言《めいげん》は希望《きぼう》の言《こと》葉《ば》

この本《ほん》のなかでは、すでに、孔子《こうし》や孟子《もうし》という人《ひと》が出《で》てきたね（78、82、86ページを見《み》てね）。孔子《こうし》は、儒教《じゅきょう》という思想《しそう》を始《はじ》めた人《ひと》で、孟子《もうし》は儒教《じゅきょう》を広《ひろ》めた人《ひと》だ。

その孔子《こうし》と同《おな》じぐらいの時代《じだい》に、孔子《こうし》と同《おな》じぐらい有名人《ゆうめいじん》で、老子《ろうし》という人《ひと》がいるんだ。老子《ろうし》は、道教《どうきょう》という宗教《しゅうきょう》を生《う》み出《だ》したといわれている人《ひと》だよ。

この老子《ろうし》の言葉《ことば》といわれている最《もっと》も有名《ゆうめい》なものが、「**大器晩成**《たいきばんせい》」という四字熟語《よじじゅくご》。

「大方《たいほう》は隅無《ぐうな》し、大器《たいき》は晩成《ばんせい》し、大音《たいおん》は希声《きせい》、大象《たいしょう》は形無《かたちな》し」

という文《ぶん》から生《う》まれた言葉《ことば》だ。次《つぎ》のような意味《いみ》だよ。

「とても大《おお》きな四角形《しかくけい》は角《かど》が見《み》えない、とても大《おお》きな器《うつわ》は出来上《できあ》がるのがおそい、とても大《おお》きな音《おと》は聞《き》こえにくい、とても大《おお》きな形《かたち》は形《かたち》がよくわからない」

この二番目《にばんめ》の「大器《たいき》は晩成《ばんせい》す」という言葉《ことば》を受《う》けて、中国《ちゅうごく》にこんな話《はなし》があるんだ。

中国《ちゅうごく》が三国時代《さんごくじだい》といわれていた西暦《せいれき》二〇〇年代《ねんだい》、魏《ぎ》という国《くに》に崔琰《さいえん》という武将《ぶしょう》がいた。

この人《ひと》のいとこの崔林《さいりん》という人《ひと》は、のんびりしていて一族《いちぞく》からばかにされ、出世《しゅっせ》できなかった。でも、崔琰《さいえん》は、崔林《さいりん》の才能《さいのう》を見抜《みぬ》いて言《い》ったんだ。

「大《おお》きな鐘《かね》や鼎《かなえ》（青銅《せいどう》の器《うつわ》のこと）は簡単《かんたん》につくれるものではない。おまえも完成《かんせい》までに時間《じかん》がかかる、大器晩成《たいきばんせい》なのだよ」

その言葉《ことば》どおり、崔林《さいりん》は、のちにとてもりっぱな政治家《せいじか》になったんだ。

このエピソードから、「大器晩成《たいきばんせい》」とは、本当《ほんとう》にすぐれた人物《じんぶつ》は成功《せいこう》するまでに時間《じかん》がかかるもので、年《とし》をとってから才能《さいのう》が現《あらわ》れる、という意味《いみ》で使《つか》われる言葉《ことば》になったんだよ。

占《うらな》いなどで、「大器晩成型《たいきばんせいがた》」という言葉《ことば》を聞《き》いたことがないかな。これは、若《わか》いころには才能《さいのう》を発揮《はっき》できないけど、年《とし》をとってから活躍《かつやく》できるタイプの人《ひと》のことなんだ。

「大器晩成型《たいきばんせいがた》」の人《ひと》は、有名人《ゆうめいじん》にもたくさんいる。なかでも歴史上《れきしじょう》の人物《じんぶつ》で「大器晩成《たいきばんせい》型《がた》」として有名《ゆうめい》なのが、徳川家康《とくがわいえやす》だ。

徳川家康《とくがわいえやす》は、全国《ぜんこく》を統一《とういつ》して江戸幕府《えどばくふ》を開《ひら》いた武将《ぶしょう》だ。徳川幕府初代将軍《とくがわばくふしょだいしょうぐん》として、きみたちも、名前《なまえ》を聞《き》いたことはあるだろう。

この家康《いえやす》は、子《こ》どものころは人質《ひとじち》にとられて、ほかの武将《ぶしょう》の家《いえ》で暮《く》らしていた。人質《ひとじち》というのは戦国時代《せんごくじだい》のならわしで、強《つよ》い武将《ぶしょう》は、家来《けらい》の家族《かぞく》の女性《じょせい》や子《こ》どもを人質《ひとじち》にとって、家来《けらい》が裏切《うらぎ》らないようにしていたんだよ。

大人《おとな》になってからの家康《いえやす》は、戦《たたか》いで手柄《てがら》を立《た》てるけど、ずっと家来《けらい》。織田信長《おだのぶなが》や豊臣秀吉《とよとみひでよし》に仕《つか》えながら、出世《しゅっせ》するチャンスをねらっていた。

一六〇〇年《ねん》、関《せき》ヶ原《がはら》の戦《たたか》いに勝利《しょうり》した家康《いえやす》は、ついに天下《てんか》を統一《とういつ》した。そして、江戸幕府《えどばくふ》をつくったときは、家康《いえやす》はすでに六十歳《ろくじっさい》になっていたんだ。

もう一人《ひとり》、「大器晩成型《たいきばんせいがた》」の代表《だいひょう》のようにいわれる外国《がいこく》の有名人《ゆうめいじん》がいる。アメリカ合衆国《がっしゅうこく》の第十六代大統領《だいじゅうろくだいだいとうりょう》、リンカーンだ。

リンカーンは、「人民《じんみん》の、人民《じんみん》による、人民《じんみん》のための政治《せいじ》」という演説《えんぜつ》や、奴隷解放宣言《どれいかいほうせんげん》で有名《ゆうめい》な、アメリカでもとても人気《にんき》のある大統領《だいとうりょう》だ。伝記《でんき》を読《よ》んだことがある人《ひと》もいるかもしれないね。

リンカーンは子《こ》どものころは貧《まず》しい家《いえ》に育《そだ》ち、大人《おとな》になってからは事業《じぎょう》に失敗《しっぱい》。また、選挙《せんきょ》でも、なんども落選《らくせん》しているんだ。

苦労《くろう》の結果《けっか》、大統領《だいとうりょう》になったのは、リンカーンが五十二歳《ごじゅうにさい》のときだったよ。そんな歴史上《れきしじょう》の人物《じんぶつ》だけでなく、テレビで人気者《にんきもの》の芸能人《げいのうじん》でも、下積《したづ》み生活《せいかつ》が長《なが》くて四十歳《よんじっさい》を過《す》ぎてからようやく売《う》れたという人《ひと》も多《おお》いんだよ。

きみたちがもう少《すこ》し大人《おとな》になって、うまくいかないことが続《つづ》いても、自分《じぶん》は「大器晩成型《たいきばんせいがた》」だと信《しん》じて努力《どりょく》を続《つづ》けることが、本当《ほんとう》の成功《せいこう》を呼《よ》ぶのかもしれないね。

大器晩成《たいきばんせい》

大人物《だいじんぶつ》は、出世《しゅっせ》はおそいけれども時間《じかん》をかけて実力《じつりょく》を養《やしな》い、のちに大成《たいせい》するということ。

ヤブヘビ
どうしてオレの歌《うた》はヒットしないんだろう…。
ジャイアンは大器晩成《たいきばんせい》なのさ。元気《げんき》出《だ》しなよ。
そうか!! よーし!! 将来《しょうらい》に備《そな》えて今《いま》から練習《れんしゅう》するぞ!!
あっ、しまった…。

五《ご》里《り》霧《む》中《ちゅう》

中国《ちゅうごく》の隠《かく》れ身《み》の術《じゅつ》!

中国《ちゅうごく》は長《なが》い歴史《れきし》のなかで、いろいろな国《くに》が生《う》まれ、戦《たたか》いや統一《とういつ》が繰《く》り返《かえ》されてきたのだけれど、一世紀《いっせいき》から三世紀《さんせいき》初《はじ》めの中国《ちゅうごく》は、後漢《ごかん》という国《くに》が支配《しはい》していた。

「四面楚歌《しめんそか》」の項目《こうもく》(44ページ)の劉邦《りゅうほう》がつくった漢《かん》は、前漢《ぜんかん》といわれて区別《くべつ》されている。

その後漢《ごかん》の学者《がくしゃ》に、張楷《ちょうかい》という人《ひと》がいた。とても優秀《ゆうしゅう》な人《ひと》で、役人《やくにん》になるようにさそわれたけどことわって、山《やま》の中《なか》にかくれ住《す》んでいた。

この張楷《ちょうかい》は、道術《どうじゅつ》という不思議《ふしぎ》な術《じゅつ》をあつかうことができ、五里霧《ごりむ》という術《じゅつ》をよく使《つか》っていた。この術《じゅつ》を使《つか》うと、自分《じぶん》のまわりの五里《ごり》(およそ二《に》キロ)にわたって濃《こ》い霧《きり》を起《お》こし、姿《すがた》をかくすことができるんだ。

一方《いっぽう》で、裴優《はいゆう》という人物《じんぶつ》がいた。この人《ひと》は、三里霧《さんりむ》の術《じゅつ》を使《つか》うことができた。まわり三《さん》

里《り》に霧《きり》を起《お》こすんだ。でも、三里《さんり》は一・二キロ四方《しほう》で、五里霧《ごりむ》よりは力《ちから》が足《た》りない。

裴優《はいゆう》は、張楷《ちょうかい》に弟子《でし》にしてほしいとお願《ねが》いしたけれど、張楷《ちょうかい》は会《あ》ってくれなかった。

それからしばらくして、裴優《はいゆう》は、霧《きり》を起《お》こして盗《ぬす》みをしようとしてつかまってしまった。このとき、裴優《はいゆう》は、この術《じゅつ》を張楷《ちょうかい》に習《なら》ったとうそをついた。自分《じぶん》に術《じゅつ》を教《おし》えてくれなかった張楷《ちょうかい》をうらんでいたんだ。

そのため、張楷《ちょうかい》も連帯責任《れんたいせきにん》でつかまり、ろうやに入《い》れられてしまった。でも、二年後《にねんご》、張楷《ちょうかい》は無罪《むざい》だとわかり、家《いえ》に帰《かえ》ることができたのだった。

「五里霧中《ごりむちゅう》」という言葉《ことば》は、この話《はなし》のなかの、張楷《ちょうかい》の術《じゅつ》から生《う》まれた言葉《ことば》だ。

「五里霧《ごりむ》」の中《なか》ではまわりがまったく見《み》えなくなるということから、何《なに》かをするときに、どうすればいいかわからなかったり、わからないままに手《て》さぐりで何《なに》かを行《おこな》ったりする状態《じょうたい》をさす言葉《ことば》になったんだよ。

たとえば、きみが全然知《ぜんぜんし》らない地域《ちいき》の学校《がっこう》に転校《てんこう》したとすると、行《い》ったばかりのときはきっと「五里霧中《ごりむちゅう》」だろうね。逆《ぎゃく》に、きみの学校《がっこう》に来《き》た転校生《てんこうせい》も最初《さいしょ》は「五里霧中《ごりむちゅう》」だ。

この言葉《ことば》を「五里夢中《ごりむちゅう》」とまちがえて書《か》くことがよくある。でも、言葉《ことば》の意味《いみ》がわかっていれば、まちがえることはないよ。この熟語《じゅくご》を二《ふた》つに分《わ》けたら、「五里《ごり》・霧中《むちゅう》」ではなく、「五里霧《ごりむ》・中《ちゅう》」となるということがわかるよね。

ところで、「五里霧中《ごりむちゅう》」とよく似《に》た意味《いみ》の四字熟語《よじじゅくご》に、**「暗中模索《あんちゅうもさく》」**がある。手《て》がかりのないままに、いろいろためしてみる、という意味《いみ》で使《つか》われる言葉《ことば》だよ。

こちらは中国《ちゅうごく》の唐《とう》の時代《じだい》の話《はなし》から生《う》まれたものだ。唐《とう》は、「月下氷人《げっかひょうじん》」の項目《こうもく》（32ページ）にも出《で》てきた大《おお》きな国《くに》で、平安時代《へいあんじだい》の日本《にっぽん》も遣唐使《けんとうし》という使《つか》いを送《おく》って交流《こうりゅう》をしていたんだ。

この唐《とう》に、許敬宗《きょけいそう》という政治家《せいじか》がいた。すぐれた人物《じんぶつ》だったけど、とにかく物忘《ものわす》れがひどくて、すぐに人《ひと》の名前《なまえ》を忘《わす》れてしまう。

ある人《ひと》が「許敬宗《きょけいそう》には困《こま》ったものだ」と悪口《わるくち》を言《い》うと、それを聞《き》いた許敬宗《きょけいそう》が言《い》った。

「どうでもいい人《ひと》のことは忘《わす》れやすいものだ。曹植《そうしょく》、劉楨《りゅうてい》、沈約《しんやく》、謝霊運《しゃれいうん》などの有名人《ゆうめいじん》に会《あ》えば、暗中模索《あんちゅうもさく》しても、その人《ひと》のことがわかるだろうよ」

曹植《そうしょく》、劉楨《りゅうてい》、沈約《しんやく》、謝霊運《しゃれいうん》とは、中国《ちゅうごく》の有名《ゆうめい》な文学者《ぶんがくしゃ》たちだ。そして、「暗中模索《あんちゅうもさく》」とは、暗《くら》やみの中《なか》を手《て》さぐりで探《さが》すという意味《いみ》で、相手《あいて》が有名人《ゆうめいじん》なら暗《くら》やみの中《なか》でもちゃんと相手《あいて》のことはわかるものだ、と許敬宗《きょけいそう》は言《い》っているんだ。ちょっと自分勝手《じぶんかって》な話《はなし》だよね。

でも、この話《はなし》には別《べつ》のバージョンもあって、こちらでは、物忘《ものわす》れがはげしい許敬宗《きょけいそう》に対《たい》して、ある人《ひと》がこのように忠告《ちゅうこく》をしたということになっている。

「あなたが有名人《ゆうめいじん》に会《あ》ったら、暗中模索《あんちゅうもさく》しても相手《あいて》のことを知《し》ろうとすることでしょう」

これは、「ふだんから、そのような心《こころ》がけでいれば、人《ひと》のことを忘《わす》れないでしょう。相《あい》手《て》に対《たい》して謙虚《けんきょ》な気持《きも》ちでいなさい」と教《おし》えているんだよ。

五里霧中《ごりむちゅう》

物事《ものごと》の事情《じじょう》がまったくわからず、どうしてよいかわからなくなってしまうこと、手《て》さぐりで進《すす》むことのたとえ。

ぐるぐる
ねえ、算数《さんすう》の宿題《しゅくだい》手伝《てつだ》って〜!!
また!? たまには自分《じぶん》の力《ちから》でやらなきゃダメだよ。
やっぱりダメか。五里霧中《ごりむちゅう》になってる……。

一字千金《いちじせんきん》

とても価値《かち》がある、いろいろなものたち

むかしむかし、紀元前三世紀《きげんぜんさんせいき》（西暦《せいれき》一年《ねん》より三〇〇〜二〇一年前《ねんまえ》）ごろのお話《はなし》だ。前《まえ》にも出《で》てきたように、中国《ちゅうごく》は戦国時代《せんごくじだい》で、たくさんの小《ち》さな国《くに》が争《あらそ》っていた。そのなかの秦《しん》という国《くに》に、呂不韋《りょふい》という人《ひと》がいたんだ。

呂不韋《りょふい》は、ほかの国《くに》に人質《ひとじち》に取《と》られていた王様《おうさま》の息子《むすこ》を救《すく》い出《だ》し、その後見人《こうけんにん》となって力《ちから》をのばした。そして、この息子《むすこ》が王様《おうさま》になると、ますます力《ちから》をもつようになったんだ。

そのころ、中国《ちゅうごく》のえらい人《ひと》たちは、食客《しょっかく》という、賢《かしこ》くて才能《さいのう》のある人《ひと》たちを屋敷《やしき》に住《す》まわせてめんどうをみていたんだけど、呂不韋《りょふい》は、食客《しょっかく》を三千人《さんぜんにん》もかかえていたんだって。

食客《しょっかく》たちは、それぞれが、いろいろな方面《ほうめん》の才能《さいのう》をもっていて、呂不韋《りょふい》は食客《しょっかく》たちの力《ちから》をかりて、『呂氏春秋《りょししゅんじゅう》』という本《ほん》をつくったんだ。この本《ほん》は、二十六巻《にじゅうろっかん》にもおよぶ、今《いま》の

百科事典《ひゃっかじてん》のようなものだよ。

呂不韋《りょふい》は、『呂氏春秋《りょししゅんじゅう》』は、世《よ》の中《なか》のことや歴史上《れきしじょう》のすべてのことが書《か》かれている本《ほん》だと言《い》って、とても満足《まんぞく》していた。

そして、この本《ほん》を都《みやこ》の門《もん》のところに置《お》いて、みんなが読《よ》めるようにしたんだ。

さらにその上《うえ》に千金《せんきん》（千枚《せんまい》の金貨《きんか》）をぶら下《さ》げ、こう言《い》った。

「この本《ほん》を読《よ》んで、本《ほん》のなかの一文字《ひともじ》でも直《なお》すことができた者《もの》には、千金《せんきん》を与《あた》えよう」

呂不韋《りょふい》は、それほど、この本《ほん》の出来《でき》に自信《じしん》をもっていたんだね。

この話《はなし》から、**「一字千金《いちじせんきん》」**という言葉《ことば》が生《う》まれたんだ。「一字千金《いちじせんきん》」とは、一文字《ひともじ》に千金《せんきん》の価値《かち》があるという意味《いみ》で、そこから、すばらしい文章《ぶんしょう》やとても上手《じょうず》な字《じ》のことをさすようになったんだよ。

ところで、「一字千金《いちじせんきん》」ととてもよく似《に》た四字熟語《よじじゅくご》がある。**「一刻千金《いっこくせんきん》」**だ。

「千金《せんきん》」は、「一字千金《いちじせんきん》」と同《おな》じ千枚《せんまい》の金貨《きんか》という意味《いみ》で、とても価値《かち》があることを表《あらわ》している。また、「一刻《いっこく》」とは、ほんの少《すこ》しの時間《じかん》のことだ。

「一刻千金《いっこくせんきん》」は、少《すこ》しの時間《じかん》にも千金《せんきん》の価値《かち》があるという意味《いみ》で、時間《じかん》がとても大切《たいせつ》だということを表《あらわ》す言葉《ことば》なんだよ。

きみたちも、なかのいい友達《ともだち》と遊《あそ》んでいたり、自分《じぶん》の好《す》きなことに夢中《むちゅう》になっていたりするとき、時間《じかん》があっと言《い》う間《ま》に過《す》ぎていくよね。そんなときに使《つか》われる言葉《ことば》だ。

「もうこんな時間《じかん》か。楽《たの》しい時間《じかん》は一刻千金《いっこくせんきん》だね」なんて言《い》うよ。

この「一刻千金《いっこくせんきん》」は、中国《ちゅうごく》の詩人《しじん》、蘇軾《そしょく》の『春夜《しゅんや》』という詩《し》から生《う》まれたんだ。

蘇軾《そしょく》は、「佳人薄命《かじんはくめい》」の項目《こうもく》（52ページ）にも出《で》てきた詩人《しじん》だ。美人《びじん》には薄命《はくめい》な人《ひと》が多《おお》い、と詩《し》のなかで書《か》いた人《ひと》だね。

『春夜《しゅんや》』の詩《し》の書《か》きだしは、次《つぎ》のようなものだ。

「春宵一刻値千金《しゅんしょういっこくあたいせんきん》　花《はな》に清香有《せいこうあ》り　月《つき》に陰有《かげあ》り（「値」は、もとは「直」という字《じ》）」

これは、「春《はる》の夜《よる》のひとときには千金《せんきん》もの価値《かち》がある。花《はな》は清《きよ》らかな香《かお》りがして、月《つき》は雲《くも》にかすんで、とても趣《おもむき》がある」という意味《いみ》で、春《はる》の夜《よる》の美《うつく》しい情景《じょうけい》をうたった詩《し》だよ。

最初《さいしょ》の「春宵一刻値千金《しゅんしょういっこくあたいせんきん》」を縮《ち》めたものが、「一刻千金《いっこくせんきん》」なんだ。

さらに、ここから「春宵一刻《しゅんしょういっこく》」をはずして、**「値千金《あたいせんきん》」**という言葉《ことば》も生《う》まれているよ。

サッカーの試合《しあい》などで、アナウンサーが、

「○○選手《せんしゅ》、値千金《あたいせんきん》のゴール！」と叫《さけ》ぶのを聞《き》いたことがないかな。「値千金《あたいせんきん》」はとても価値《かち》があるという意味《いみ》なんだ。

「千金《せんきん》」がつく四字熟語《よじじゅくご》にはもう一《ひと》つ、「一攫千金《いっかくせんきん》」というのもある。

「一攫《いっかく》」とはひとつかみという意味《いみ》だ。一度《いちど》で簡単《かんたん》に大《おお》きな利益《りえき》を得《え》ることをいうよ。

たとえば、「宝《たから》くじを買《か》って一攫千金《いっかくせんきん》を夢見《ゆめみ》るぞ！」なんて言《い》うときに使《つか》われる。

いろいろな千金《せんきん》があるけれど、いちばんうれしいのは、「一攫千金《いっかくせんきん》」かもしれないね。

一字千金《いちじせんきん》
一字《いちじ》だけで千金《せんきん》もの価値《かち》があること。詩文《しぶん》の表現《ひょうげん》などをほめ称《たた》えていう言葉《ことば》。

単《たん》刀《とう》直《ちょく》入《にゅう》

まちがえやすい四字熟語《よじじゅくご》はいろいろあるよ

好《す》きな人《ひと》に愛《あい》の告白《こくはく》をするとき、きみなら、どんなふうに伝《つた》えるかな？

「前《まえ》からあなたのことが気《き》になっていました。いつも明《あか》るいし、友達《ともだち》にもやさしいし、いい人《ひと》だなあと思《おも》って……。だから、もしよかったら、今度《こんど》いっしょに遊《あそ》びませんか」

というように、遠回《とおまわ》しに気持《きも》ちを伝《つた》える人《ひと》もいるよね。逆《ぎゃく》に、

「好《す》きです、つき合《あ》ってください」

と、ズバッと告白《こくはく》する人《ひと》もいるだろう。

この後《あと》の例《れい》のように、思《おも》ったことを前置《まえお》きなしにズバッと言《い》うという意味《いみ》の四字熟語《よじじゅくご》が、

「**単刀直入**《たんとうちょくにゅう》」だよ。

この言葉《ことば》を最初《さいしょ》につけて、

「単刀直入《たんとうちょくにゅう》に言《い》うけど、きみはまちがっているよ」

など、言《い》いにくいことをはっきり言《い》うときに使《つか》われることが多《おお》いんだ。

これは、「以心伝心《いしんでんしん》」の項目《こうもく》(70ページ)に出《で》てきた、禅宗《ぜんしゅう》という宗教《しゅうきょう》の本《ほん》のなかにある、

「単刀直《たんとうすこ》やかに入《い》れば、則《すなわ》ち凡聖尽《ぼんしょうことごと》く、真《しん》をあらわす」

という言葉《ことば》からきたものだ。

「単刀直入《たんとうちょくにゅう》すれば、凡人《ぼんじん》も聖人《せいじん》もみんな本性《ほんしょう》をあらわす」という意味《いみ》なんだよ。

この「単刀《たんとう》」を刀《かたな》の「短刀《たんとう》」だと思《おも》っている人《ひと》が大人《おとな》にもいるけれど、それはまちがい。

「単刀直入《たんとうちょくにゅう》」というのは、もともとは、一《ひと》つの刀《かたな》を持《も》って一人《ひとり》で敵《てき》の中《なか》に切《き》りこんでいくという意味《いみ》なんだ。短《みじか》い刀《かたな》ではなく、一《ひと》つ(単品《たんぴん》)の刀《かたな》。この言葉《ことば》の意味《いみ》がわかっていれば、まちがえることもないよね。

もう一《ひと》つ、刀《かたな》が出《で》てくる四字熟語《よじじゅくご》で、まちがえやすいものを紹介《しょうかい》しよう。

「快刀乱麻《かいとうらんま》」という言葉《ことば》がある。**「快刀乱麻《かいとうらんま》を断《た》つ」**ということわざが短《みじか》くなったものだ。

「快刀《かいとう》」とはよく切《き》れる刀《かたな》のことで、「乱麻《らんま》」はもつれた麻《あさ》の糸《いと》のこと。

よく切《き》れる刀《かたな》でもつれた糸《いと》を断《た》つ(切《き》る)、という意味《いみ》から、こじれて困《こま》ってしまった

問題《もんだい》をあざやかに解決《かいけつ》する、というときの言葉《ことば》だよ。

「探偵《たんてい》の快刀乱麻《かいとうらんま》の活躍《かつやく》で、事件《じけん》は解決《かいけつ》した」などという使《つか》い方《かた》をされるんだ。

これを「怪盗乱麻《かいとうらんま》」とまちがえる人《ひと》がいる。「怪盗《かいとう》ルパン」みたいな、手口《てぐち》のあざやかな「怪盗《かいとう》」だと思《おも》ってしまうんだね。

でも、よく切《き》れる刀《かたな》の「快刀《かいとう》」だと覚《おぼ》えておけば、まちがえないよ。

こんなふうに、漢字《かんじ》をまちがえやすい四字熟語《よじじゅくご》はいろいろある。ほかにもあげてみよう。

●絶体絶命《ぜったいぜつめい》

「絶体絶命《ぜったいぜつめい》の大《だい》ピンチ！」などという言《い》い方《かた》を、きみたちも聞《き》いたことがあるだろう。追《お》いつめられて、もうにげられないという、とても困《こま》った状態《じょうたい》のことだね。

これは、まちがえやすい四字熟語《よじじゅくご》の代表《だいひょう》だよ。

「絶対《ぜったい》に言《い》ってはダメだよ」など、ふだん使《つか》われるのは「絶対《ぜったい》」という漢字《かんじ》なので、「絶《ぜっ》対絶命《たいぜつめい》」とまちがえてしまうことが多《おお》いんだ。

「絶体《ぜったい》」という漢字《かんじ》は、「絶体絶命《ぜったいぜつめい》」のときだけ使《つか》われる、と覚《おぼ》えておけばいいよ。

●危機一髪《ききいっぱつ》

一歩《いっぽ》まちがえれば大《だい》ピンチ、という意味《いみ》で、先《さき》ほどの「絶体絶命《ぜったいぜつめい》」の状態《じょうたい》だ。

でも、そこをのがれて助《たす》かったときなどに、「危機一髪《ききいっぱつ》でセーフ!」という使《つか》い方《かた》をするよ。「一髪《いっぱつ》」とは、髪《かみ》の毛《け》一本《いっぽん》ということなんだ。

これは「危機一発《ききいっぱつ》」とまちがわれることが多《おお》い。でも、髪《かみ》の毛《け》一本《いっぽん》のところに危機《きき》が迫《せま》っている、という意味《いみ》だとわかっていれば、まちがえることはないよね。

どの四字熟語《よじじゅくご》も、言葉《ことば》の意味《いみ》をきちんと知《し》っておけば、正《ただ》しい漢字《かんじ》がわかるはずだよ。

単刀直入《たんとうちょくにゅう》

前置《まえお》きや遠《とお》まわしな表現《ひょうげん》をしないで、直接本題《ちょくせつほんだい》に入《はい》ること。また、その様子《ようす》。

うらやましい
ボエェ〜
うるさーい!!
下手《へた》な歌《うた》はおやめっていつも言《い》ってるだろ!!
ごめんよ、母《かあ》ちゃん!!
いいなあ。ジャイアンのママは単刀直入《たんとうちょくにゅう》に言《い》えて……。

四字熟語《よじじゅくご》クイズ①の答《こた》え

8ページの答《こた》えは、
❷の「天地無用《てんちむよう》」。

荷物《にもつ》を大切《たいせつ》にあつかうようにというしるしだよ。

「天地《てんち》」は天《てん》（空《そら》）と地《ち》（地面《じめん》）で、上下《じょうげ》という意味《いみ》。「無用《むよう》」は「〜してはいけない」という意味《いみ》で、上下《じょうげ》をさかさまにしてはいけないよ、と注意《ちゅうい》しているんだ。

第《だい》二章《しょう》 おもしろ由来《ゆらい》の四《よ》字《じ》熟語《じゅくご》

白河夜船《しらかわよふね》

おまけ

四字熟語《よじじゅくご》クイズ②

まねをしてはいけないという、悪《わる》いお手本《てほん》の人《ひと》のことを表《あらわ》す「反《はん》面《めん》○○」という四字熟語《よじじゅくご》があるんだ。○○にはある職業《しょくぎょう》が入《はい》るんだけど、次《つぎ》のうちのどれかな？

❶大臣《だいじん》
❷学者《がくしゃ》
❸教師《きょうし》

答《こた》えは187ページにあるよ！

カンゲキドリンク

はい、プレゼント。
とってもためになると思《おも》うよ。
どう？気《き》に入《い》ったろ！
うん…、まあ……。
まんがのほうがよかったのに。
そんなこというもんじゃない。
のび太《た》さぁん。
ノートをわすれて帰《かえ》ったでしょ。
こまってるんじゃないかと思《おも》って。
よけいなことを……。
おかげで宿題《しゅくだい》を思《おも》い出《だ》しちゃった。
きみという人《ひと》は……。

人《ひと》の親切《しんせつ》をありがたいと思《おも》わないのか。

うれしいときはイヌでさえシッポをふる。ネコだってのどをならす。きみは人間《にんげん》なのに……。

わざわざよろこんでみせるなんて、めんどくさいよ。

「カンゲキドリンク」

これを飲《の》むと、うれしいこと悲《かな》しいこと、なんでも人《ひと》の何《なん》十倍《ばい》にも感《かん》じられるんだ。

そんなの感《かん》じたってしょうがない。

飲《の》んでみろ!

ききめは三十分《ぷん》。

……

……。

なんだかほのぼのとしてきたぞ。

おじさんはほんとにぼくのためを思《おも》って、これをくれたんだね。
わかればいいんだ。
おじさん!!
こんな! こんなすばらしいプレゼントをほんとにありがとう。
いや……、なに……。
前《まえ》から、こんなのがほしくてたまらなかったの。
それはよかった。
のび太《た》くん、しばらく見《み》ないうちにしっかりしてきたなあ。
またなにか買《か》ってきてあげよう。
いいくすりだろ。
うん。
もっとかして。
飲《の》みすぎだ!
どこへ行《い》くの。
しずちゃんとこ。

ギュ
さっきはありがとう、ほんとにありがとう!!
たいしたことじゃないわよ。
なんだか悲《かな》しそうだね。どうしたの。
金魚《きんぎょ》が一匹《ぴき》死《し》んじゃったの。
え〜っ、金魚《きんぎょ》が!?
ジワ〜
か、か、かわいそう。
ワ〜ッ
そんなに泣《な》かないで。
のび太《た》さんてやさしいのね。
いっしょに宿題《しゅくだい》やらない?
え〜っ、ほんとオ!?

しずちゃんと宿題《しゅくだい》できるなんて、なんというしあわせ!!
その問題《もんだい》はこうやってこうとけば……………、
ほら、できるでしょ。
す、すごい!!
しずちゃんは天才《てんさい》だ。
問題《もんだい》ひとつとくごとにこれじゃやりにくいな。
……
……
……。
あとやっといて、うつさせてもらうから。
いけない、くすりのききめが消《き》えたんだな。
ドバ
ドバ
さあ、最後《さいご》の問題《もんだい》だ。
こうしてこうやればいいのよ。
宿題完成《しゅくだいかんせい》ばんざ——い!!

おやつですよ。
えーっ。おやつ!?
ポン
ポ
ポーー
ちょっとオーバーよ。
しずちゃんにおやつをもらったぞ!!
このよろこび!!この感激《かんげき》!!
おやつもらったぐらいであんなにうれしいかね。
のび太《た》はふだん、ろくに食《た》べていないんだろ。

みっともない!!
飲《の》みすぎたな。
しようがないなあ。
かがやく太陽《たいよう》、さわやかな風《かぜ》。ああ、生《い》きてるってなんというすばらしいことだろう。
わかったわかった。さあ、帰《かえ》ろう。
見《み》ろ、十円《えん》ひろったぞ。

ぼくは日本一《にっぽん》の大金持《おおがねも》ちだ。
みっともない。はやく家《いえ》へ帰《かえ》ろう。
やあ、のび太《た》。
こないだうちへきたとき、この百円《ひゃくえん》落《お》としていったぞ。
ヒヤ！ヒヤク……、ヒヤク……。
バタ
心配《しんぱい》いらない。
うれしくて気絶《きぜつ》しただけだ。
ききめが消《き》えるまで、
起《お》こさないでおこう。
えっ、インドのおじさんが？
ひさしぶりに帰《かえ》ったの。
お正月《しょうがつ》に帰《かえ》れなかったから。
おそくなったがお年玉《としだま》を一万円《まんえん》……。

だめっ
百円《ひゃくえん》でさえ気絶《きぜつ》するのに、
一万円《まんえん》じゃ死《し》んじゃうよ。
このくすり、
強《つよ》すぎるんだよな。
おもしろそうなくすりだな、よこせ。
やあ、気《き》がついたね。
ムク
あんなにしあわせを感《かん》じたのははじめてだ。
もっと「カンゲキドリンク」を。
ジャイアンにやっちゃった。
もう、よせよ。
あんなくすりなんかにたよらないで。
ええっ、ぜんぶ飲《の》んだって!?
返《かえ》せよ。

かえせだと!?
怒《いか》りも何倍《なんばい》にも感《かん》じるんだ。
イ、テ……。
苦痛《くつう》もものすごく感《かん》じる。
のび太《た》がいじめたあ。
ワ〜

感《かん》謝《しゃ》感《かん》激《げき》

意外《いがい》な由来《ゆらい》の四字熟語《よじじゅくご》

まんがのなかで「カンゲキドリンク」を飲《の》んだのび太《た》くんは、なんにでも感激《かんげき》するようになったね。人《ひと》の親切《しんせつ》には、大《おお》げさに感謝《かんしゃ》して喜《よろこ》んでいるよね。のび太《た》くんほどではなくても、たとえば、きみが大切《たいせつ》にしているゲーム機《き》をなくしてしまい、どんなにさがしても見《み》つからなくてあきらめかけたとき、友達《ともだち》がゲーム機《き》をさがし出《だ》してきてくれたら、うれしくて、その友達《ともだち》にすごく感謝《かんしゃ》するだろう。

そんな、ものすごくありがたいという気持《きも》ちを表《あらわ》す四字熟語《よじじゅくご》が、「**感謝感激《かんしゃかんげき》**」だ。

これは、「**感謝感激雨《かんしゃかんげきあめ》あられ**」という言葉《ことば》を短《みじか》くしたもので、ちょっとおどけた感《かん》じで使《つか》われることが多《おお》いんだよ。

このことわざは、なんと、昔《むかし》の戦争《せんそう》から生《う》まれたものなんだ。今《いま》まで見《み》てきたように、

中国《ちゅうごく》の戦争《せんそう》から生《う》まれた四字熟語《よじじゅくご》は多《おお》いけど、これは日本《にっぽん》の戦争《せんそう》だ。

一九〇四年《ねん》に、日露戦争《にちろせんそう》という戦争《せんそう》が、日本《にっぽん》とロシアの間《あいだ》で起《お》こった。そのとき、常陸《ひたち》丸《まる》という船《ふね》が敵《てき》の攻撃《こうげき》にあって沈《しず》んだんだけど、この船《ふね》の悲劇《ひげき》が歌《うた》になってヒットした。

その歌《うた》の歌詞《かし》で、常陸丸《ひたちまる》が攻撃《こうげき》を受《う》ける様子《ようす》を、「乱射乱撃雨《らんしゃらんげきあめ》あられ」と表現《ひょうげん》したんだ。鉄砲《てっぽう》の玉《たま》が、雨《あめ》やあられのようにたくさん船《ふね》にふりかかっているという光景《こうけい》だ。

時代《じだい》は流《なが》れ、一九四一年《ねん》に太平洋戦争《たいへいようせんそう》が起《お》こったとき、新聞《しんぶん》の見出《みだ》しにこの表現《ひょうげん》が使《つか》われた。

この「乱射乱撃雨《らんしゃらんげきあめ》あられ」をもじって、「感謝感激雨《かんしゃかんげきあめ》あられ」という言葉《ことば》が生《う》まれたといわれているんだ。

こんなふうに、四字熟語《よじじゅくご》は、いろいろな場面《ばめん》から生《う》まれている。

たとえば、日本《にっぽん》の女性《じょせい》を表《あらわ》す、**「大和撫子《やまとなでしこ》」**という言葉《ことば》を知《し》っているかな？「大和《やまと》」というのは日本《にっぽん》の国《くに》のこと。おしとやかでひかえめだけど芯《しん》が強《つよ》い、すてきな日《に》本女性《ぽんじょせい》をナデシコの花《はな》にたとえてほめる表現《ひょうげん》だよ。

女子《じょし》サッカー日本代表《にっぽんだいひょう》の「なでしこジャパン」も、この言葉《ことば》からきたものなんだ。

「大和撫子《やまとなでしこ》」の由来《ゆらい》は、日本《にっぽん》の神話《しんわ》に出《で》てくるお姫様《ひめさま》だという説《せつ》がある。

クシナダヒメというお姫様《ひめさま》が、両親《りょうしん》に撫《な》でるように大切《たいせつ》に育《そだ》てられた子《こ》ということで、「撫《な》でし子《こ》」という言葉《ことば》が生《う》まれたといわれているよ。

また、ナデシコの花《はな》は小《ちい》さくてかわいらしいよね。そこで平安時代《へいあんじだい》の貴族《きぞく》は、女性《じょせい》をナデシコの花《はな》にたとえて、いろいろな和歌《わか》をよんだんだ。

こうして、神話《しんわ》と和歌《わか》から生《う》まれたのが「大和撫子《やまとなでしこ》」だ。とてもロマンチックですてきな言葉《ことば》だね。きみが男子《だんし》なら、着物姿《きものすがた》の女子《じょし》に、「大和撫子《やまとなでしこ》だね」と言《い》ってあげよう。

もう一《ひと》つ、日本《にっぽん》の文化《ぶんか》から生《う》まれた、有名《ゆうめい》な四字熟語《よじじゅくご》を紹介《しょうかい》しよう。

「傍目八目《おかめはちもく》」という言葉《ことば》がある。**「岡目八目《おかめはちもく》」**とも書《か》かれるよ。

ある出来事《できごと》にかかわっている本人《ほんにん》よりも、全然関係《ぜんぜんかんけい》ない、外《そと》から見《み》ている人《ひと》のほうが、物事《ものごと》がよく見《み》えて、冷静《れいせい》な判断《はんだん》ができるという意味《いみ》なんだ。

たとえば、係活動《かかりかつどう》の話《はな》し合《あ》いをしているとき、意見《いけん》が対立《たいりつ》してもめてしまったら、「傍目八目《おかめはちもく》だから、ほかの係《かかり》の人《ひと》の意見《いけん》を聞《き》いてみよう」と提案《ていあん》してみよう。すると、スムーズに解決《かいけつ》することがあるんだよ。

これは、もともとは囲碁《いご》から生《う》まれた言葉《ことば》なんだ。

「目《もく》」というのは碁石《ごいし》の数《かず》のこと。つまり「八目《はちもく》」とは、八《やっ》つの碁石《ごいし》を打《う》つことで、「八《はっ》手《て》」という意味《いみ》だ。対局《たいきょく》している二人《ふたり》よりも、そば（傍）で見《み》ている人《ひと》のほうが、八手先《はってさき》までよめる、ということから、「傍目八目《おかめはちもく》」という言葉《ことば》ができたんだよ。

四字熟語《よじじゅくご》は、日本《にっぽん》の歴史《れきし》や文化《ぶんか》のなかからもたくさん生《う》まれているんだ。

この章《しょう》では、いろいろなおもしろい由来《ゆらい》の四字熟語《よじじゅくご》を、紹介《しょうかい》していくよ。

感謝感激《かんしゃかんげき》
大変《たいへん》ありがたいという気《き》持《も》ちを表《あらわ》す。少《すこ》しおどけて言《い》うときの言葉《ことば》。

一所懸命《いっしょけんめい》

いっしょうけんめい、には元《もと》がある

きみたちは、「いっしょうけんめい」という言葉《ことば》をよく使《つか》うだろう。

「いっしょうけんめい、がんばります！」

というように、全力《ぜんりょく》で何《なに》かをするときに使《つか》う言葉《ことば》だね。

この言葉《ことば》は、もともと、「いっしょけんめい」だったんだ。漢字《かんじ》で書《か》くと「一所懸命《いっしょけんめい》」。一《ひと》つの場所《ばしょ》に懸命《けんめい》になる、という意味《いみ》からきた言葉《ことば》で、古《ふる》くは、鎌倉時代《かまくらじだい》の本《ほん》のなかに出《で》てくるんだよ。

西暦《せいれき》一二〇〇年代《ねんだい》の前半《ぜんはん》に書《か》かれた説話集《せつわしゅう》（昔《むかし》の話《はなし》や伝説《でんせつ》などを集《あつ》めた本《ほん》）の『古事談《こじだん》』のなかに、次《つぎ》のような話《はなし》があるんだ。

平安時代《へいあんじだい》（七九四〜一一八五年《ねん》）の終《お》わりのこと。藤原顕季《ふじわらのあきすえ》という役人《やくにん》と、源義光《みなもとのよしみつ》という武将《ぶしょう》が、領地《りょうち》をめぐって争《あらそ》っていた。

すると、そのころ権力《けんりょく》をもっていた白河上皇《しらかわじょうこう》（天皇《てんのう》をしりぞいた後《あと》の身分《みぶん》）が、藤原顕季《ふじわらのあきすえ》に向《む》かって言《い》った。

「あなたの言《い》うこと（領地《りょうち》は顕季《あきすえ》のものである）は正《ただ》しいと思《おも》う。でも、あなたはほかにも自分《じぶん》の土地《とち》をもっているでしょう。源義光《みなもとのよしみつ》にとっては、一所懸命《いっしょけんめい》なんですよ。だから、もし、あなたの言《い》うようにすれば、義光《よしみつ》は何《なに》をするかわかりませんよ」

ここで言《い》う「一所懸命《いっしょけんめい》」の「一所《いっしょ》」とは一《ひと》つの所《ところ》、「懸命《けんめい》」は命《いのち》を懸《か》ける、ということ。

つまり、義光《よしみつ》にはこの土地《とち》しかなく、命《いのち》がけで守《まも》るべきものだということだ。

これを聞《き》いた顕季《あきすえ》は、土地《とち》を義光《よしみつ》にゆずったというよ。

その後《ご》も、室町時代《むろまちじだい》（一三三六〜一五七三年《ねん》）の書物《しょもつ》などにも、この「一所懸命《いっしょけんめい》」という言葉《ことば》はたびたび出《で》てくるよ。

どれも、武士《ぶし》が命《いのち》をかけて、先祖代々《せんぞだいだい》からの一《いっ》か所《しょ》の自分《じぶん》の所領《しょりょう》を守《まも》るという意味《いみ》で使《つか》われていて、「一所懸命《いっしょけんめい》の地《ち》」という言葉《ことば》で使《つか》われる場合《ばあい》も多《おお》いんだ。

でも、この「一所懸命《いっしょけんめい》」が「**一生懸命**《いっしょうけんめい》」に変《か》わったのはどうしてだろう。

戦国時代《せんごくじだい》の武将《ぶしょう》、武田信玄《たけだしんげん》の名言《めいげん》とされる言葉《ことば》に、次《つぎ》のようなものがあるんだ。

「一生懸命《いっしょうけんめい》だと知恵《ちえ》が出《で》る、中途半端《ちゅうとはんぱ》だと愚痴《ぐち》が出《で》る、いい加減《かげん》だと言《い》い訳《わけ》が出《で》る」

日本《にっぽん》の戦国時代《せんごくじだい》というのは、室町時代《むろまちじだい》の終《お》わり、十五世紀《じゅうごせいき》から十六世紀《じゅうろくせいき》にかけて、各地《かくち》の武将《ぶしょう》たちが領地《りょうち》の拡大《かくだい》をめぐって争《あらそ》った時代《じだい》だ。

そのなかでも甲斐《かい》（今《いま》の山梨県《やまなしけん》）の武田信玄《たけだしんげん》は、戦国最強《せんごくさいきょう》の武将《ぶしょう》といわれた人物《じんぶつ》。とくに越後《えちご》（今《いま》の新潟県《にいがたけん》）の上杉謙信《うえすぎけんしん》と戦《たたか》った、川中島《かわなかじま》の合戦《かっせん》は有名《ゆうめい》だよ。

この言葉《ことば》から、戦国時代《せんごくじだい》にはすでに「一生懸命《いっしょうけんめい》」も使《つか》われていたように思《おも》われるね。でも、これが本当《ほんとう》に信玄《しんげん》の言葉《ことば》かどうかは、はっきりとはわかっていなくて、後世《こうせい》の人《ひと》がつくったものではないかともいわれているんだ。

また、「一生懸命《いっしょうけんめい》」が使《つか》われ始《はじ》めたのは、江戸時代《えどじだい》だという説《せつ》もあるよ。

いつからかはわからないけど、「一所懸命《いっしょけんめい》」は領地《りょうち》を守《まも》ることだけでなく、命《いのち》がけで何《なに》かをするという意味《いみ》になっていたことと、「いっしょ」を「いっしょう」とまちがえて言《い》ったことから、「一生《いっしょう》」の字《じ》になったのではないかといわれているんだよ。

だから、「一所懸命《いっしょけんめい》」も「一生懸命《いっしょうけんめい》」も、同《おな》じ意味《いみ》。どちらを使《つか》ってもまちがいじゃないけれど、今《いま》では「一生懸命《いっしょうけんめい》」のほうがよく使《つか》われるようだね。

ところで、前《まえ》にあげた信玄《しんげん》の言葉《ことば》の意味《いみ》だけど、グチや言《い》い訳《わけ》ばかり言《い》っている人《ひと》は、「一生懸命《いっしょうけんめい》」ではないと言《い》っているんだ。本当《ほんとう》に「一生懸命《いっしょうけんめい》」なときは知恵《ちえ》が出《で》るものだということだ。信玄《しんげん》の言葉《ことば》じゃないとしても、名言《めいげん》だよね。

きみたちも、なにごとにも一生懸命《いっしょうけんめい》取《と》り組《く》んでいれば、すばらしいアイディアや結果《けっか》が生《う》まれるかもしれないよ。

一所懸命《いっしょけんめい》
命《いのち》をかけて領地《りょうち》を守《まも》ろうとするように、一《ひと》つのことに命《いのち》がけで取《と》り組《く》むことや、その様子《ようす》。

がんばるのび太《た》

きょうはママに頼《たの》まれた留守番《るすばん》の日《ひ》。
よーし！一所懸命《いっしょけんめい》に……、
昼寝《ひるね》するぞー!!
こういう時《とき》に一所懸命《いっしょけんめい》なんて使《つか》わないよ。

一《いち》期《ご》一《いち》会《え》

茶道《ちゃどう》から生《う》まれたおもてなし

日本人《にほんじん》の「おもてなし」は、外国《がいこく》の人《ひと》たちから、とても感心《かんしん》されている。心《こころ》をこめてお客様《きゃくさま》をもてなすということで、この言葉《ことば》とともに、世界《せかい》に広《ひろ》まっているんだ。

この「おもてなし」の心《こころ》は、日本《にっぽん》では昔《むかし》からあったもの。それを表《あらわ》す四字熟語《よじじゅくご》が**「一期《いちご》一会《いちえ》」**なんだよ。

もとは、茶道《ちゃどう》を広《ひろ》めた千利休《せんのりきゅう》という茶人《ちゃじん》が言《い》った言葉《ことば》だそう。

千利休《せんのりきゅう》は、今《いま》の茶道《ちゃどう》のもとをつくった人《ひと》で、安土桃山時代《あづちももやまじだい》（一五七三〜一六〇三年《ねん》）に政権《せいけん》をとっていた豊臣秀吉《とよとみひでよし》の側近《そっきん》となって権力《けんりょく》をもった。でも、秀吉《ひでよし》をおこらせてしまい、切腹《せっぷく》させられてしまったんだ。

その利休《りきゅう》の弟子《でし》が書《か》いた本《ほん》のなかで、利休《りきゅう》が茶会《ちゃかい》について語《かた》ったことが書《か》かれているよ。

「ふだんの茶会《ちゃかい》でも、路地《ろじ》に入《はい》ってから出《で》るまで、一期《いちご》に一度《いちど》の会《かい》というように、亭主《ていしゅ》を敬《うやま》うべきだ」

「一期《いちご》」というのは仏教《ぶっきょう》の言葉《ことば》で、生《う》まれてから死《し》ぬまでという意味《いみ》。つまり、茶会《ちゃかい》に行《い》ったら、一生《いっしょう》に一度《いちど》かぎりの会《かい》だと思《おも》って、主人《しゅじん》を尊敬《そんけい》するべきだと言《い》っているんだよ。

さらに、この利休《りきゅう》の言葉《ことば》を受《う》けて、それから約《やく》二百六十年後《にひゃくろくじゅうねんご》の江戸時代《えどじだい》の末《すえ》に、井伊直弼《いいなおすけ》という大老《たいろう》（将軍《しょうぐん》を助《たす》けて政治《せいじ》を行《おこな》う人《ひと》）が、茶道《ちゃどう》の心得《こころえ》を次《つぎ》のように言《い》っている。

「茶会《ちゃかい》というのは、一期一会《いちごいちえ》だ。たとえば、主人《しゅじん》と客《きゃく》がいつもと同《おな》じでも、今日《きょう》の会《かい》はただ一度《いちど》だと思《おも》って、主人《しゅじん》はあらゆることに気《き》を配《くば》って客《きゃく》をもてなし、客《きゃく》は主人《しゅじん》のことを敬《うやま》って、おたがいに誠意《せいい》をもって交流《こうりゅう》するべきだ。これを一期一会《いちごいちえ》というのだ」

ここから「一期一会《いちごいちえ》」は一生《いっしょう》に一度《いちど》だけ、という意味《いみ》になり、「今《いま》はもう二度《にど》ともどらないのだから、相手《あいて》に対《たい》して誠実《せいじつ》に接《せっ》する」ということを表《あらわ》す言葉《ことば》となったんだよ。

毎日《まいにち》クラスメートと顔《かお》を合《あ》わせていても、今日《きょう》、この時《とき》は一度《いちど》きり。そんな気持《きも》ちをいつももっていれば、友達《ともだち》と話《はな》したり遊《あそ》んだりする時間《じかん》が、とても大事《だいじ》に思《おも》えるかもしれないね。

ところで「一期一会《いちごいちえ》」のように、「一《いち》〜一《いち》〜」という四字熟語《よじじゅくご》は、ほかにもたくさんあるんだ。よく使《つか》われるものを、いっぺんに覚《おぼ》えてしまおう。

●一喜一憂《いっきいちゆう》

喜《よろこ》んだり心配《しんぱい》したりするという意味《いみ》。まわりの状況《じょうきょう》にふりまわされて、明《あか》るくなったり暗《くら》くなったりするようなことをいうよ。

●一進一退《いっしんいったい》

進《すす》んだり後退《こうたい》したりするという意味《いみ》。物事《ものごと》がはかどったりうまくいかなかったりするときや、状況《じょうきょう》がよくなったり悪《わる》くなったりするときにも使《つか》われるよ。

●一世一代《いっせいちだい》

人生《じんせい》のうちのたった一度《いちど》きりという意味《いみ》。もとは歌舞伎《かぶき》からきた言葉《ことば》で、歌舞伎役者《かぶきやくしゃ》が引退《いんたい》するときなどに、最《もっと》も得意《とくい》な芸《げい》を演《えん》じる場合《ばあい》に使《つか》われた言葉《ことば》だ。

そこから、「一世一代《いっせいちだい》の大勝負《おおしょうぶ》」というように、一生《いっしょう》に一度《いちど》というぐらいの覚悟《かくご》を決《き》めて、ものごとにのぞむときに使《つか》われるよ。

●一朝一夕《いっちょういっせき》

とても短《みじか》い時間《じかん》という意味《いみ》。一度《いちど》の朝《あさ》だけ、一度《いちど》の夜《よる》だけということだ。「こんなむずかしい技《わざ》、一朝一夕《いっちょういっせき》には習得《しゅうとく》できない」というように、できないときに使《つか》われることが多《おお》いよ。

●一長一短《いっちょういったん》

いいところも悪《わる》いところもあるという意味《いみ》。「長《ちょう》」は長所《ちょうしょ》、「短《たん》」は短所《たんしょ》ということ。絶《ぜっ》対《たい》によくもないし、絶対《ぜったい》に悪《わる》くもない、完全《かんぜん》ではないということだよ。

一期一会《いちごいちえ》

一生《いっしょう》に一度《いちど》会《あ》うこと。また、一生《いっしょう》に一度《いちど》かぎりなので、大切《たいせつ》にしようということ。

朝《あさ》のあいさつ

のび太《た》さん、何《なに》をしているの？
あいさつだよ。一期一会《いちごいちえ》の出会《であ》いだからね。
アリさんおはよう。
やあ、スズメくん。
元気《げんき》かな、チョウさん。
もう……、遅刻《ちこく》するわよ。
あ～、いそがしい。

一石二鳥《いっせきにちょう》

英語《えいご》からきた四字熟語《よじじゅくご》もあるんだ！

「給食《きゅうしょく》のとき、となりの席《せき》の子《こ》がきらいだというトマトを食《た》べてあげた。となりの子《こ》には感謝《かんしゃ》されて、大好《だいす》きなトマトも食《た》べられて、一石二鳥《いっせきにちょう》だよ」

というようなときに使《つか》う言葉《ことば》。

一《ひと》つの石《いし》を投《な》げて二羽《にわ》の鳥《とり》をつかまえた、という意味《いみ》で、一《ひと》つの行動《こうどう》でいいことが二《ふた》つ起《お》こることを言《い》う言葉《ことば》だよ。

とてもよく使《つか》われる四字熟語《よじじゅくご》だけど、実《じつ》はこれ、イギリスからきた言葉《ことば》なんだ。

古《ふる》いイギリスのことわざに、「To《トゥ》 kill《キル》 two《ツー》 birds《バーズ》 with《ウィズ》 one《ワン》 stone《ストーン》.」というのがある。

「一《ひと》つの石《いし》で二羽《にわ》の鳥《とり》を殺《ころ》す」という意味《いみ》だ。

このことわざを日本語《にほんご》にしたのが「一石二鳥《いっせきにちょう》」なんだ。

これまで見《み》てきた四字熟語《よじじゅくご》は、中国《ちゅうごく》という漢字《かんじ》の国《くに》でつくられたものが多《おお》いけど、こんなふうに、英語《えいご》が日本語《にほんご》になってできたものがあるというのも、おもしろいね。

今《いま》ではこの言葉《ことば》をいろいろ変《か》えて、一《ひと》つの行動《こうどう》でいいことが三《みっ》つ起《お》こることを「一石三鳥《いっせきさんちょう》」、四《よっ》つ起《お》こることを「一石四鳥《いっせきよんちょう》」などということもあるんだよ。

では次《つぎ》に、アメリカからきた四字熟語《よじじゅくご》を紹介《しょうかい》しよう。

工事現場《こうじげんば》で、**「安全第一《あんぜんだいいち》」**と書《か》かれた看板《かんばん》がかかっているのを見《み》たことないかな。

これは、工場《こうじょう》や建設現場《けんせつげんば》などの標語《ひょうご》で、文字《もじ》のとおり、何《なに》よりも安全《あんぜん》に気《き》をつけよう、ということだね。

でも、昔《むかし》のアメリカの工場《こうじょう》では、物《もの》をたくさんつくって売《う》る（生産高《せいさんだか》を上《あ》げる）ことがいちばん大切《たいせつ》だった。

そのため、ある大《おお》きな製鉄会社《せいてつがいしゃ》の標語《ひょうご》は、

「生産第一《せいさんだいいち》、品質第二《ひんしつだいに》、安全第三《あんぜんだいさん》」

で、働《はたら》く人《ひと》の安全《あんぜん》について考《かんが》えることは、あまり重要《じゅうよう》だと思《おも》われていなかったんだ。工場《こうじょう》で働《はたら》く人《ひと》は、とても悪《わる》い環境《かんきょう》で働《はたら》いていて、仕事中《しごとちゅう》の事故《じこ》がたくさん起《お》こっていた。

これはなんとかしなければいけない、とある製鉄会社《せいてつがいしゃ》の社長《しゃちょう》さんは考《かんが》えた。

「生産高《せいさんだか》よりも、働《はたら》く人《ひと》の安全《あんぜん》を一番《いちばん》に考《かんが》えなければダメだ」

そして、会社《かいしゃ》の標語《ひょうご》を、

「安全第一《あんぜんだいいち》、品質第二《ひんしつだいに》、生産第三《せいさんだいさん》」

と直《なお》して、みんなが安全《あんぜん》に働《はたら》けるような環境《かんきょう》をつくったんだ。

すると、仕事中《しごとちゅう》の事故《じこ》はとても減《へ》った。そしてそれにともなって、生産高《せいさんだか》や品質《ひんしつ》もよくなったんだ。安全《あんぜん》に安心《あんしん》して働《はたら》けることが、生産《せいさん》の向上《こうじょう》につながったんだね。

この会社《かいしゃ》の例《れい》から、「安全第一《あんぜんだいいち》」の考《かんが》え方《かた》がアメリカ中《じゅう》に広《ひろ》まり、やがて、世界中《せかいじゅう》に広《ひろ》まっていったんだよ。

「安全第一《あんぜんだいいち》」は、英語《えいご》で「safety《セーフティー》 first《ファースト》」という。

最近《さいきん》、「○○ファースト」という言葉《ことば》をよく耳《みみ》にすると思《おも》うけど、そのファーストも同《おな》じ、「第一《だいいち》」という意味《いみ》なんだよ。

もう一《ひと》つ、英語《えいご》から生《う》まれた有名《ゆうめい》な四字熟語《よじじゅくご》に、「**試行錯誤**《しこうさくご》」がある。これは、「trial《トライアル》 and《アンド》 error《エラー》」という英語《えいご》を日本語《にほんご》にしたものだ。

「trial《トライアル》」は試《ため》すこと。挑戦《ちょうせん》することを「トライする」というよね。また、「error《エラー》」は失敗《しっぱい》すること。野球《やきゅう》で守備《しゅび》を失敗《しっぱい》することを「エラー」というのと同《おな》じだ。

「試行錯誤《しこうさくご》」とは、トライとエラーということで、失敗《しっぱい》を繰《く》り返《かえ》しながら、いろいろ試《ため》して、成功《せいこう》に導《みちび》いていくという意味《いみ》なんだ。

このように、四字熟語《よじじゅくご》は、中国語《ちゅうごくご》をそのままもってきたり、英語《えいご》に漢字《かんじ》を当《あ》てはめたり。それが日本語《にほんご》として定着《ていちゃく》するなんて、日本語《にほんご》はとても自由《じゆう》な感《かん》じがするよね。

一石二鳥《いっせきにちょう》

一《ひと》つのことをすることで、二《ふた》つの利益《りえき》を得《え》ること。また、二《ふた》つの目的《もくてき》を果《は》たすたとえ。

ぼくだって
二宮金次郎《にのみやきんじろう》。働《はたら》きながら勉強《べんきょう》をしてた偉《えら》い人《ひと》だよ。
一石二鳥《いっせきにちょう》だね。よーし、ぼくだって!
寝《ね》ながらマンガを読《よ》んで一石二鳥《いっせきにちょう》!!
それじゃただのダメな人《ひと》だよ……。
ゴロン

四《し》六《ろく》時《じ》中《ちゅう》

時代《じだい》によって変《か》わった、時間《じかん》の四字熟語《よじじゅくご》

「好《す》きな子《こ》ができて、四六時中《しろくじちゅう》、あの子《こ》のことばかり考《かんが》えてしまう」

「山田《やまだ》くんは、四六時中《しろくじちゅう》しゃべっていて、うるさい」

などというときに使《つか》われる言葉《ことば》、「**四六時中**《しろくじちゅう》」。

いつもいつも、しょっちゅう、という意味《いみ》の四字熟語《よじじゅくご》だ。

でもこの言葉《ことば》、昔《むかし》は「**二六時中**《にろくじちゅう》」という言葉《ことば》だったんだって。

どうして変《か》わったんだろう？　それは、昔《むかし》の時刻《じこく》と関係《かんけい》があるんだよ。

今《いま》は、一日《いちにち》は二十四時間《にじゅうよじかん》に分《わ》かれているよね。でも、江戸時代《えどじだい》までの時刻《じこく》は、十二《じゅうに》の時《じ》間《かん》に分《わ》かれていたんだ。

江戸時代《えどじだい》までの時刻《じこく》の数《かぞ》え方《かた》は、中国《ちゅうごく》の影響《えいきょう》を受《う》けていて、二《ふた》つの数《かぞ》え方《かた》があったんだ。

まず、干支《えと》で分《わ》ける方法《ほうほう》があった。干支《えと》というのは、今年《ことし》は酉年《とりどし》、来年《らいねん》は戌年《いぬどし》などと、動物《どうぶつ》の名前《なまえ》で表《あらわ》すものだね。

干支《えと》は、子《ね》、丑《うし》、寅《とら》、卯《う》、辰《たつ》、巳《み》、午《うま》、未《ひつじ》、申《さる》、酉《とり》、戌《いぬ》、亥《い》の順《じゅん》にめぐってくる。ここから、今《いま》の深夜《しんや》0時《じ》を「子《ね》の刻《こく》」、2時《じ》を「丑《うし》の刻《こく》」……、すると、お昼《ひる》の12時《じ》が「午《うま》の刻《こく》」……、そして夜《よる》の22時《じ》が「亥《い》の刻《こく》」となっていた。

正確《せいかく》に言《い》うと、これらの時刻《じこく》を「正刻《せいこく》」といって、この前後二時間《ぜんごにじかん》がそれぞれの干支《えと》の時間《じかん》になる。つまり、「子《ね》の刻《こく》」は今《いま》の23〜1時《じ》、「午《うま》の刻《こく》」は11〜13時《じ》、ということだ。

昔《むかし》の時間《じかん》は、今《いま》の二時間《にじかん》ごとに、干支《えと》の名前《なまえ》がついていたんだね。

今《いま》、お昼《ひる》の12時《じ》のことを正午《しょうご》というけど、これは「午《うま》の正刻《せいこく》」の名残《なごり》なんだよ。また、「午前《ごぜん》」「午後《ごご》」も、「午《うま》の刻《こく》」よりも前《まえ》、後《あと》、という意味《いみ》なんだ。

それからもう一《ひと》つ、もっと簡単《かんたん》な時刻《じこく》の分《わ》け方《かた》があった。

時代劇《じだいげき》などで、鐘《かね》が鳴《な》って「ああ、もう暮《く》れ六《む》つか」と言《い》うシーンを見《み》たことがないかな？　この「暮《く》れ六《む》つ」というのが、時間《じかん》のことだ。

昔《むかし》は、「夜明《よあ》け」から「日暮《ひぐ》れ」までが昼《ひる》、「日暮《ひぐ》れ」から「夜明《よあ》け」までが夜《よる》で、「夜《よ》明《あ》け」を「明《あ》け六《む》つ」、「日暮《ひぐ》れ」を「暮《く》れ六《む》つ」と呼《よ》んでいたんだ。

そして、昼《ひる》と夜《よる》をだいたい二時間《にじかん》ごとに、六《むっ》つの時間《じかん》に分《わ》けていた。

だいたいというのは、季節《きせつ》によって、昼《ひる》と夜《よる》の長《なが》さがちがうから。だから、夏《なつ》の昼《ひる》の一刻《いっこく》(とき)は冬《ふゆ》の昼《ひる》の一刻《いっこく》(とき)よりも長《なが》かったんだよ。大《おお》ざっぱだけど、時計《とけい》がない時代《じだい》は、こんなふうに、だいたいの時間《じかん》がわかればよかったんだね。

そして、今《いま》の深夜《しんや》12時《じ》ごろが「九《ここの》つ」、夜中《よなか》の2時《じ》ごろが「八《やっ》つ」……と数《かず》がへっていき、「四《よっ》つ」までできたら、お昼《ひる》の12時《じ》ごろがまた「九《ここの》つ」になるんだよ。

どうして一《ひと》つではなく九《ここの》つから始《はじ》まるかというと、昔《むかし》は9がえんぎのいい数字《すうじ》だと思《おも》われていたから。それで、9の倍数《ばいすう》(9×1=9、9×2=18、9×3=27……9×6=54)を時刻《じこく》としたんだけど、時刻《じこく》の鐘《かね》を打《う》つのに18、27……54は多《おお》すぎるよね。だから十《じゅう》の位《くらい》をはずして、一《いち》の位《くらい》の九《きゅう》、八《はち》、七《なな》、……四《よん》だけを時刻《じこく》にしたんだって。

今《いま》、「おやつ」という言葉《ことば》があるけど、これは、昼《ひる》の「八《やっ》つ」の時刻《じこく》の名残《なごり》なんだよ。

そこで、最初《さいしょ》にもどって「二六時中《にろくじちゅう》」だけど、これは、昼《ひる》と夜《よる》を六《むっ》つずつに分《わ》けたことからきた言葉《ことば》。「二六時《にろくじ》」で「2×6=12」時《じ》というかけ算《ざん》。これで一日《いちにち》を表《あらわ》したんだね。

こうして、「二六時中《にろくじちゅう》」は、一日中《いちにちじゅう》という意味《いみ》になったというわけだ。

ところが明治《めいじ》になって、西洋《せいよう》の文化《ぶんか》が伝《つた》わってくると、一日《いちにち》は今《いま》のように、二十四時間《にじゅうよじかん》になった。そうすると、「二六時中《にろくじちゅう》」では、半日《はんにち》になってしまうね。

そこで、いつのころからか、今《いま》の時間《じかん》に合《あ》わせて、「4×6＝24時間《じかん》」で「四六時中《しろくじちゅう》」となって、一日中《いちにちじゅう》を表《あらわ》すようになったんだよ。

時代《じだい》とともに言葉《ことば》は変《か》わっていくもの。四字熟語《よじじゅくご》も、時代《じだい》に合《あ》わせて変化《へんか》するんだね。

四六時中《しろくじちゅう》

二十四時間中《にじゅうよじかんじゅう》。一日中《いちにちじゅう》。
または、いつも。

一《いち》日《にち》千《せん》秋《しゅう》

二《ふた》つの数《かず》がつく四字熟《よじじゅく》語《ご》いろいろ

ここまで、数字《すうじ》がつく四字熟語《よじじゅくご》はすでにいろいろ出《で》てきたね。今回《こんかい》は、前《まえ》に出《で》た「一石《いっせき》二鳥《にちょう》」や「四六時中《しろくじちゅう》」のように数《かず》が二《ふた》つある四字熟語《よじじゅくご》を見《み》ていこう。

まず、一《いち》と千《せん》の組《く》み合《あ》わせから。「一字千金《いちじせんきん》」「一刻千金《いっこくせんきん》」などはすでに出《で》たけれど、ほかによく使《つか》われるものに、「**一日千秋**《いちにちせんしゅう》」がある。「一日《いちにち》」は「いちじつ」とも読《よ》むよ。

「千秋《せんしゅう》」というのは、千回《せんかい》の秋《あき》、つまり千年《せんねん》という意味《いみ》だ。一日《いちにち》が千年《せんねん》のようにとても長《なが》く感《かん》じられるという意味《いみ》なんだ。

待《ま》ち遠《どお》しいときによく使《つか》われる言葉《ことば》で、「あの人《ひと》からの手紙《てがみ》を一日千秋《いちにちせんしゅう》の思《おも》いで待《ま》つ」というような言《い》い方《かた》をするよ。

もともとは「**一日三秋**《いちにちさんしゅう》」という言葉《ことば》だったんだけど、待《ま》ち遠《どお》しい気持《きも》ちを強《つよ》めるためか、

「三秋《さんしゅう》」が「千秋《せんしゅう》」へと、とても長《なが》くなったようだ。

次《つぎ》に、二《に》と三《さん》の組《く》み合《あ》わせ。とてもよく使《つか》われるのが**「二束三文《にそくさんもん》」**だ。

「三文《さんもん》」の「文《もん》」は昔《むかし》のお金《かね》の単位《たんい》だけど、三文《さんもん》というのは、とても安《やす》いことを表《あらわ》す言葉《ことば》なんだ。たとえば、**「早起《はやお》きは三文《さんもん》の徳《とく》」**（「徳《とく》」は「得《とく》」とも書《か》く）ということわざを聞《き》いたことはないかな。これは、早起《はやお》きするとわずかだけどいいことがあるよ、という意味《いみ》。

「二束三文《にそくさんもん》」とは、二《ふた》つの束《たば》で三文《さんもん》という意味《いみ》で、数《かず》が多《おお》くてもとても安《やす》いということを表《あらわ》すんだ。今《いま》だと、特売《とくばい》で「おかしが二箱《ふたはこ》で百円《ひゃくえん》！」みたいな感《かん》じかな。

また、江戸時代《えどじだい》に売《う》られていた、金剛草履《こんごうぞうり》というじょうぶな草履《ぞうり》が、二足《にそく》で三文《さんもん》という安《やす》い値段《ねだん》で売《う》られていたことから、「二足三文《にそくさんもん》」が変化《へんか》したものともいわれているよ。

でも、「集《あつ》めていたまんがを売《う》ったけど、二束三文《にそくさんもん》にしかならなかった」というように、安《やす》いからいいというより、安《やす》すぎてダメというようなときに使《つか》われることが多《おお》いんだ。

では、ここからは、三《さん》から万《まん》までがつく、よく使《つか》われる四字熟語《よじじゅくご》をあげてみよう。

●三寒四温《さんかんしおん》

寒《さむ》い日《ひ》が三日《みっか》続《つづ》いて暖《あたた》かい日《ひ》が四日《よっか》続《つづ》くという意味《いみ》。これが繰《く》り返《かえ》される、日本《にっぽん》の冬《ふゆ》の気候《きこう》をさす言葉《ことば》だ。でも、最近《さいきん》では、春先《はるさき》の気候《きこう》をさすことが多《おお》くなっているよ。

●五臓六腑《ごぞうろっぷ》

人《ひと》の内臓全部《ないぞうぜんぶ》のこと。

「五臓《ごぞう》」は肝臓《かんぞう》・心臓《しんぞう》・脾臓《ひぞう》・肺《はい》・腎臓《じんぞう》のことで、「六腑《ろっぷ》」はそのほかの胃《い》や大腸《だいちょう》、小腸《しょうちょう》などの内臓《ないぞう》をさす。とてもおいしいものを食《た》べたときに「五臓六腑《ごぞうろっぷ》にしみわたる」という言《い》い方《かた》をするよ。

●七転八倒《しちてんばっとう》

とても苦《くる》しくて転《ころ》げまわること。すごく痛《いた》いときやつらいときなどに使《つか》われるよ。

七回転《ななかいころ》んで、八回倒《はちかいたお》れる、という意味《いみ》なので、ほんとに苦《くる》しそうな言葉《ことば》だね。

よく似《に》たものに「**七転八起《しちてんはっき》**」という言葉《ことば》があるけど、こちらは、「**七転《ななころ》び八起《やお》き**」ということわざと同《おな》じで、どんなに失敗《しっぱい》してもくじけないでがんばる、という意味《いみ》だ。

一字《いちじ》ちがうだけで、全然《ぜんぜん》ちがう意味《いみ》になるんだよ。

●十中八九《じっちゅうはっく》

ほとんど、ほぼ確実《かくじつ》ということ。

十《じゅう》のうちの八《はち》か九《きゅう》、という意味《いみ》で、80%《パーセント》か90%《パーセント》確《たし》かだということだね。
「あいつが犯人《はんにん》なのは、十中八九《じっちゅうはっく》、まちがいない」などという使《つか》い方《かた》をするよ。

●千差万別《せんさばんべつ》

とてもいろいろ、それぞれがちがうという意味《いみ》だ。
「千《せん》」と「万《まん》」は、数《かず》が多《おお》いことを表《あらわ》すもの。「差《さ》」と「別《べつ》」はちがいを表《あらわ》すものだ。
「ものの考《かんが》え方《かた》は人《ひと》それぞれ、千差万別《せんさばんべつ》だ」というような使《つか》い方《かた》をするんだよ。

一日千秋《いちにちせんしゅう》

一日《いちにち》がひじょうに長《なが》く感《かん》じられること。待《ま》ちこがれる気持《きも》ちをいう。

待《ま》ち焦《こ》がれて

わ～ん!! おそい、おそいよ!! まだ～!?
もう～、一日千秋《いちにちせんしゅう》の思《おも》いで待《ま》っているのに～!!
ドンドン
まったく……、たった3分《ぷん》くらいおとなしく待《ま》てないの?
だってお腹《なか》がすいたんだもん!!

三《みっ》日《か》坊《ぼう》主《ず》

お坊《ぼう》さんの修行《しゅぎょう》に飽《あ》きちゃう人《ひと》がいた！

新《あたら》しい年《とし》になって、今年《ことし》から日記《にっき》をつけるぞ！　と思《おも》ったけど、一週間《いっしゅうかん》で、もう書《か》かなくなった……。

今日《きょう》から朝《あさ》、早起《はやお》きしてジョギングをするぞ！　と思《おも》っても、起《お》きられなくて、三日間《みっかかん》しか続《つづ》かなかった……。

――という経験《けいけん》、きみにもあるんじゃないかな？

そういうのを、「**三日坊主**《みっかぼうず》」というんだよ。

「坊主《ぼうず》」とは、お寺《てら》のお坊《ぼう》さんのことだ。今《いま》、丸刈《まるが》りの人《ひと》のことを「坊主頭《ぼうずあたま》」なんていうのも、髪《かみ》の毛《け》をそっているお坊《ぼう》さんからきた言葉《ことば》だよ。

お坊《ぼう》さんになることを出家《しゅっけ》といい、家庭《かてい》での生活《せいかつ》を捨《す》ててお寺《てら》に入《はい》り、修行《しゅぎょう》をする。

お坊《ぼう》さんの修行《しゅぎょう》は、早朝《そうちょう》に起《お》きて座禅《ざぜん》をし、お経《きょう》を読《よ》んだり拝《おが》んだりというお勤《つと》めをする。お勤《つと》め中《ちゅう》も長時間《ちょうじかん》、姿勢《しせい》を正《ただ》してすわり続《つづ》けるんだ。

食事《しょくじ》は、肉《にく》や魚《さかな》は食《た》べられず、おかゆや麦飯《むぎめし》に少《すこ》しのおかずという、とても質素《しっそ》なもの。食事中《しょくじちゅう》におしゃべりをしてもいけない。おやつもないよ。

毎日《まいにち》、決《き》められた規則正《きそくただ》しい生活《せいかつ》をして、一日中《いちにちじゅう》お勤《つと》めをし、そうじをし、自由時間《じゆうじかん》はほとんどなくて、遊《あそ》びに行《い》くこともできないんだ。

そんなきびしい修行《しゅぎょう》にたえられなくて、三日《みっか》で出家《しゅっけ》をやめて、ふつうの生活《せいかつ》にもどる人《ひと》もたくさんいた。そのような人《ひと》のことを「三日坊主《みっかぼうず》」と、からかって言《い》っていたんだよ。

ここから、飽《あ》きっぽくて長続《ながつづ》きしない人《ひと》のことを、こう言《い》うようになったんだ。

「三日《みっか》」というのは、本当《ほんとう》に三日《みっか》ではなくて、短《みじか》い時間《じかん》のことをさしているよ。

飽《あ》きっぽい人《ひと》を表《あらわ》す言葉《ことば》には、ほかに、**「三月庭訓《さんがつていきん》」**というものがある。

「庭訓《ていきん》」というのは、『庭訓往来《ていきんおうらい》』という本《ほん》のことだ。

江戸時代《えどじだい》には小学校《しょうがっこう》はなく、町人《ちょうにん》の子《こ》どもは、寺子屋《てらこや》というところに行《い》って勉強《べんきょう》をしていた。ここで、読《よ》み書《か》きの勉強《べんきょう》の基本《きほん》として使《つか》われた本《ほん》が、『庭訓往来《ていきんおうらい》』なんだ。つまり、むかしの教科書《きょうかしょ》だね。

この『庭訓往来《ていきんおうらい》』は、一月《いちがつ》から十二月《じゅうにがつ》までの手紙《てがみ》を集《あつ》めた形式《けいしき》になっていて、子《こ》どもたちは、この本《ほん》で文字《もじ》を覚《おぼ》えたり、一般常識《いっぱんじょうしき》を学《まな》んだりしたんだ。

「三月庭訓《さんがつていきん》」というのは、この『庭訓往来《ていきんおうらい》』の三月《さんがつ》の手紙《てがみ》あたりで勉強《べんきょう》をやめてしまう、という意味《いみ》。「三日坊主《みっかぼうず》」と同《おな》じで、長続《ながつづ》きしないことを表《あらわ》しているんだけど、とりわけ、勉強《べんきょう》が続《つづ》かないことを表《あらわ》すことが多《おお》いよ。

似《に》たような成《な》り立《た》ちの言葉《ことば》は、有名《ゆうめい》な『源氏物語《げんじものがたり》』からも生《う》まれている。

『源氏物語《げんじものがたり》』というのは、光源氏《ひかるげんじ》という美男子《びだんし》を主人公《しゅじんこう》にした恋愛小説《れんあいしょうせつ》だ。作者《さくしゃ》は紫式部《むらさきしきぶ》という女性《じょせい》で、平安時代《へいあんじだい》の十一世紀《じゅういっせいき》初《はじ》めごろに書《か》かれたもの。現代語《げんだいご》にも訳《やく》されて、今《いま》でもとても人気《にんき》のある物語《ものがたり》だけど、全部《ぜんぶ》で五十四帖《ごじゅうよんじょう》（巻《かん》）という長《なが》さで、世界最古《せかいさいこ》の長編小説《ちょうへんしょうせつ》とも言《い》われているんだ。

この『源氏物語《げんじものがたり》』から、**「須磨源氏《すまげんじ》」**という言葉《ことば》ができた。これは、第十二帖《だいじゅうにじょう》（巻《かん》）の「須磨《すま》の巻《かん》」あたりで読《よ》むのをやめてしまうことで、やはり長続《ながつづ》きしない人《ひと》という意味《いみ》。

さらにもっと飽《あ》きっぽい人《ひと》は、**「桐壺源氏《きりつぼげんじ》」**といわれる。『源氏物語《げんじものがたり》』の「桐壺《きりつぼ》の巻《かん》」はなんと第一帖《だいいちじょう》（巻《かん》）。つまり、五十四巻中《ごじゅうよんかんちゅう》の一巻《いっかん》しか読《よ》んでいない人《ひと》のことだ。「桐壺源氏《きりつぼげんじ》」は、「三日坊主《みっかぼうず》」や「三月庭訓《さんがつていきん》」よりもずっと、がまんが足《た》りないよね。

このように、飽《あ》きっぽくて長続《ながつづ》きしないという意味《いみ》の四字熟語《よじじゅくご》は、昔《むかし》からいろいろある。ということは、飽《あ》きっぽい人《ひと》は昔《むかし》からたくさんいたってことだね。「三日坊主《みっかぼうず》」はよくないけど、人《ひと》はいろいろな「三日坊主《みっかぼうず》」を繰《く》り返《かえ》すことで、本当《ほんとう》に長《なが》続《つづ》きできるような、興味《きょうみ》のあることを見《み》つけられるのかもしれないね。

三日坊主《みっかぼうず》

飽《あ》きやすくて、何《なに》をしても長続《ながつづ》きしないことや、その人《ひと》。

もっと早《はや》い
一日《いちにち》だけ日記《にっき》を書《か》いてあとは忘《わす》れてたよ。
ハハハ……
まったくもう、三日坊主《みっかぼうず》なんだから。
ちがう、一日坊主《いちにちぼうず》！三日坊主《みっかぼうず》より二日《ふつか》も早《はや》いんだぞ!!
それ、いばれることじゃないよ。

蒟《こん》蒻《にゃく》問《もん》答《どう》

落語《らくご》の演目《えんもく》から生《う》まれたおもしろ言葉《ことば》

ここまで見《み》てきたように、四字熟語《よじじゅくご》の由来《ゆらい》はいろいろあるけれど、落語《らくご》の演目《えんもく》から生《う》まれたものもあるんだ。「蒟蒻《こんにゃく》」は食《た》べ物《もの》のコンニャクのこと。こんな楽《たの》しいお話《はなし》だよ。

昔《むかし》、コンニャク屋《や》さんの六兵衛《ろくべえ》という人《ひと》がいた。病気《びょうき》になって道《みち》でたおれていた八五郎《はちごろう》のめんどうを見《み》ていたけど、八五郎《はちごろう》は病気《びょうき》が治《なお》っても働《はたら》こうとしない。そこで、

「八五郎《はちごろう》、お坊《ぼう》さんのいない寺《てら》があるけど、おまえ、そこの坊主《ぼうず》にならないかい」

なまけ者《もの》の八五郎《はちごろう》は、その寺《てら》でお坊《ぼう》さんの仕事《しごと》もしないで、朝《あさ》からお酒《さけ》を飲《の》んで暮《く》らしていた。するとある日《ひ》、永平寺《えいへいじ》という有名《ゆうめい》な寺《てら》の修行僧《しゅぎょうそう》が訪《たず》ねてきた。

「こちらで禅問答《ぜんもんどう》をさせていただきたいのです」

禅問答《ぜんもんどう》とは、修行僧《しゅぎょうそう》が悟《さと》りを開《ひら》くために、問《と》いを出《だ》して、師匠《ししょう》が答《こた》えるというもの。簡《かん》

単《たん》に言《い》うと、答《こた》えのむずかしいなぞなぞみたいなものだ。さて、困《こま》った八五郎《はちごろう》。

「私《わたし》は助手《じょしゅ》で、今《いま》、和尚《おしょう》さんは留守《るす》なのですが」

「では、お帰《かえ》りのころ、また来《き》ます」

そうして僧《そう》はまたやってくる。困《こま》った八五郎《はちごろう》がにげようとしたとき、やってきた六兵衛《ろくべえ》が、自分《じぶん》が和尚《おしょう》に化《ば》けて対応《たいおう》しようと言《い》った。

ただし、にせものとばれないように、耳《みみ》と言葉《ことば》が不自由《ふじゆう》なふりをしよう。

そこで始《はじ》まった禅問答《ぜんもんどう》。でも、修行僧《しゅぎょうそう》が何《なに》を言《い》っても六兵衛《ろくべえ》は反応《はんのう》しない。

「ははあ、これは無言《むごん》の行《ぎょう》の最中《さいちゅう》だな」

と、僧《そう》は考《かんが》え、今度《こんど》は、ジェスチャーを始《はじ》めた。

無言《むごん》の行《ぎょう》とは、精神《せいしん》をきたえるために、絶対《ぜったい》にしゃべらないという修行《しゅぎょう》だ。

まず、僧《そう》は手《て》で小《ち》さな○《まる》をつくって見《み》せた。すると六兵衛《ろくべえ》は両手《りょうて》で大《おお》きな○《まる》をつくった。

次《つぎ》に、僧《そう》が両手《りょうて》の指《ゆび》を十本《じっぽん》出《だ》して見《み》せた。すると、六兵衛《ろくべえ》は片手《かたて》で五本《ごほん》の指《ゆび》を出《だ》した。

今度《こんど》は、僧《そう》が指《ゆび》を三本《さんぼん》出《だ》して見《み》せると、六兵衛《ろくべえ》は、指《ゆび》を目《め》の下《した》に当《あ》てて「アッカンベー」をして見《み》せた。

すると、修行僧《しゅぎょうそう》は「おそれいりました！」と頭《あたま》を下《さ》げてにげ去《さ》ったのだ。

ふしぎに思《おも》った八五郎《はちごろう》が追《お》いかけて、

「そんなにあわてて、問答《もんどう》はどうなったのですか？」

すると、修行僧《しゅぎょうそう》が言《い》うには、

「最初《さいしょ》に（○《まる》をつくって）『和尚《おしょう》さまのご胸中《きょうちゅう》は？』とたずねたら、（大《おお》きな○《まる》で）『大海《たいかい》のようだ』と言《い》う。次《つぎ》に（十本指《じっぽんゆび》で）『十方世界《じっぽうせかい》（すべての方角《ほうがく》にある全世界《ぜんせかい》）は？』とたずねたら、（指五本《ゆびごほん》で）『五戒《ごかい》（仏教徒《ぶっきょうと》が守《まも》るべき五《いつ》つの戒《いまし》め）で保《たも》つ』と。また、（指《ゆび》三本《さんぼん》で）『三尊《さんぞん》の弥陀《みだ》（阿弥陀三尊《あみださんぞん》。阿弥陀仏《あみだぶつ》と二《ふた》つの菩薩像《ぼさつぞう》の三《みっ》つの仏像《ぶつぞう》）は？』とたずねたら、（目《め》の下《した》に指《ゆび》を当《あ》てて）『目《め》の下《した》にある』と答《こた》えられた。いやあ、わたしなどには、とてもかなう相手《あいて》ではありません。修行《しゅぎょう》して出直《でなお》してまいります」

おどろいた八五郎《はちごろう》が寺《てら》にもどってみると、六兵衛《ろくべえ》がおこっていた。

「あいつはにせ者《もの》だ。おれがコンニャク屋《や》だと知《し》っていたんだ。まずあいつは、（小《ちい》さい○《まる》をつくって）『おまえのところのコンニャクはこんなに小《ちい》さい』と言《い》うから、（両手《りょうて》を広《ひろ》げて）『いや、こんなに大《おお》きいぞ』と言《い》ってやった。次《つぎ》に、（指十本出《ゆびじっぽんだ》して）『十個《じっこ》でいくらだ』と聞《き》くから、(指五本《ゆびごほん》で)『五百文《ごひゃくもん》だ』と答《こた》えた。すると、(指三本出《ゆびさんぼんだ》して)『三百文《さんびゃくもん》にまけろ』と言《い》う。ケチなやつだ。『とんでもない、アッカンベー』だ!」

二人《ふたり》は、まったくちがうことを考《かんが》えていたんだね。ここから、こんなふうに全然《ぜんぜん》かみ合《あ》わない、とんちんかんな受《う》け答《こた》えのことを、「**蒟蒻問答**《こんにゃくもんどう》」と言《い》うようになったんだよ。

この演目《えんもく》は、落語家《らくごか》さんのジェスチャーのおかしさで大笑《おおわら》いしてしまうよ。機会《きかい》があったら、落語家《らくごか》さんが演《えん》じているものを見《み》てみてね。

蒟蒻問答《こんにゃくもんどう》

とんちんかんなやりとりや、返事《へんじ》。

かみあわない会話《かいわ》

あれ? どこ 行《い》くの?
美容院《びよういん》よ。
ここを 直《なお》して もらうの。
え!? 病院《びょういん》に 頭《あたま》を 治《なお》しに!?
美《び》・容《よう》・院《いん》!! ヘアカットに 行《い》くの!!

手《て》前《まえ》味《み》噌《そ》

食《た》べ物《もの》の四字熟語《よじじゅくご》は、役《やく》に立《た》つぞ

自分《じぶん》や自分《じぶん》の家族《かぞく》のことなどについて、自慢《じまん》したいことってあるよね。でも、

「わたしはお菓子《かし》づくりが得意《とくい》で、わたしのつくるクッキーはすごくおいしいんですよ」

などと言《い》うと、うぬぼれていると思《おも》われちゃうんじゃないかと、ちょっと言《い》いにくい。

そんなとき、便利《べんり》な言葉《ことば》が**「手前味噌《てまえみそ》」**なんだ。

「手前味噌《てまえみそ》ですが、わたしがつくるクッキーはすごくおいしいんですよ」

と言《い》うと、ちょっと謙遜《けんそん》している表現《ひょうげん》で、うぬぼれている感《かん》がうすれるんだ。

「自慢《じまん》じゃないけど……」というのと同《おな》じだね。でも、ほんとは自慢《じまん》なんだけどね。

「味噌《みそ》」というのは、みそ汁《しる》に入《い》れるおみそのこと。

「手前《てまえ》」というのは場所《ばしょ》を表《あらわ》すのではなくて、自分《じぶん》という意味《いみ》だ。お店屋《みせや》さんが、「手前《てまえ》

どもの店《みせ》では無農薬野菜《むのうやくやさい》を使《つか》っています」なんて言《い》うときの「手前《てまえ》」と同《おな》じだよ。昔《むかし》、みそは家庭《かてい》でつくるものだったんだ。それぞれの家《いえ》によって、みその味《あじ》はいろいろちがっていた。そんなみその味《あじ》を、みんなが自慢《じまん》して、

「手前《てまえ》の味噌《みそ》の味《あじ》は……」

と言《い》っていたことから、「手前味噌《てまえみそ》」という言葉《ことば》ができたといわれているよ。

また、「味噌《みそ》」にはほかの意味《いみ》もあるんだ。たとえば、通信販売《つうしんはんばい》の番組《ばんぐみ》などで、

「このカメラ、変《か》わった形《かたち》ですね」

「そこがミソなんですよ。この形《かたち》が……」

というようなセリフを聞《き》いたことがないかな。この「そこがミソ」の「ミソ」も「味噌《みそ》」のことで、自慢《じまん》できる特長《とくちょう》とか、ポイントという意味《いみ》を表《あらわ》すんだよ。

「手前味噌《てまえみそ》」の「味噌《みそ》」には、もともと自慢《じまん》するもの、という意味《いみ》がふくまれているんだ。前《まえ》に出《で》てきた「蒟蒻問答《こんにゃくもんどう》」もそうだけど、食《た》べ物《もの》の四字熟語《よじじゅくご》は、ほかにもあるよ。

たとえば、**「一汁一菜《いちじゅういっさい》」**という言葉《ことば》。これは、日本《にっぽん》の昔《むかし》からある食事《しょくじ》のこんだてのことだ。

「一汁《いちじゅう》」は一《ひと》つの汁《しる》、「一菜《いっさい》」は一《ひと》つのおかず、という意味《いみ》で、ごはんとおかずが一品《いっぴん》と

汁《しる》ものだけという、貧《まず》しい食事《しょくじ》のことをさす言葉《ことば》なんだ。

でも、それは昔《むかし》のこと。今《いま》では、「一汁一菜《いちじゅういっさい》」は、食《た》べすぎず、健康《けんこう》で理想的《りそうてき》な食事《しょくじ》だともいわれていて、よい意味《いみ》で使《つか》われることも多《おお》いんだよ。

この言葉《ことば》が変化《へんか》して、おかずが三品《さんぴん》なら**「一汁三菜《いちじゅうさんさい》」**、五品《ごひん》なら**「一汁五菜《いちじゅうごさい》」**という言《い》い方《かた》もされるよ。「一汁三菜《いちじゅうさんさい》」でも「一汁五菜《いちじゅうごさい》」でもいいから、栄養《えいよう》のバランスがとれた食事《しょくじ》をおいしく食《た》べることが大切《たいせつ》なんだ。

でも、栄養《えいよう》のバランスがとれているからといっても、**「暴飲暴食《ぼういんぼうしょく》」**はダメ。「暴飲《ぼういん》」は飲《の》みすぎということで、とくにお酒《さけ》を飲《の》むことをいう。「暴食《ぼうしょく》」は食《た》べすぎということ。「暴《ぼう》」はあばれるという意味《いみ》で、程度《ていど》がひどいことを表《あらわ》すんだ。

きみたちのような育《そだ》ち盛《ざか》りの子《こ》どもでも、食《た》べすぎ、飲《の》みすぎは、やはり健康《けんこう》に悪《わる》い。だから「暴飲暴食《ぼういんぼうしょく》はやめましょう」とか、「暴飲暴食《ぼういんぼうしょく》に注意《ちゅうい》しましょう」など、やっちゃだめだよ、という言《い》い方《かた》で使《つか》われることが多《おお》いんだよ。

また、「暴飲暴食《ぼういんぼうしょく》」と同《おな》じ意味《いみ》の言葉《ことば》で**「牛飲馬食《ぎゅういんばしょく》」**や**「鯨飲馬食《げいいんばしょく》」**という四字熟語《よじじゅくご》もある。これは、牛《うし》（またはクジラ）が水《みず》を飲《の》んで、馬《うま》がエサを食《た》べるということで、牛《うし》やクジラや馬《うま》のように、とてもたくさん食《た》べたり飲《の》んだりすることを表《あらわ》すんだ。

もう一《ひと》つ、**「医食同源《いしょくどうげん》」**という言葉《ことば》も紹介《しょうかい》しよう。これは、病気《びょうき》を治《なお》す医療《いりょう》と食事《しょくじ》は、どちらも健康《けんこう》のために大切《たいせつ》で、もとは同《おな》じだという意味《いみ》。一九七〇年代《ねんだい》に日本《にっぽん》で生《う》まれた、わりと新《あたら》しい四字熟語《よじじゅくご》なんだ。

バランスのいい食事《しょくじ》は、病気《びょうき》を予防《よぼう》したり治《なお》したりもするんだね。

四字熟語《よじじゅくご》は、簡単《かんたん》な言葉《ことば》で、大切《たいせつ》なことを教《おし》えてくれることもあるんだよ。

手前味噌《てまえみそ》
自分《じぶん》で自分《じぶん》のことを誇《ほこ》ること。自慢《じまん》すること。

和《わ》洋《よう》折《せっ》衷《ちゅう》

1＋1を2以上《いじょう》にする
日本《にほん》の力《ちから》

この言葉《ことば》は知《し》らなくても、みんな、きっと「和洋折衷《わようせっちゅう》」のものは見《み》たことがあるよ。

「和《わ》」は「和風《わふう》」のこと、「洋《よう》」は「洋風《ようふう》」のこと。つまり、日本風《にほんふう》と西洋風《せいようふう》だ。また、「折衷《せっちゅう》」というのは、考《かんが》え方《かた》のちがうものをいくつか合《あ》わせて一《ひと》つにするという意味《いみ》。

つまり、「和洋折衷《わようせっちゅう》」というのは、日本《にっぽん》のものと、西洋《せいよう》（ヨーロッパ）のものが、ミックスされているもののことをいう言葉《ことば》なんだ。

この言葉《ことば》は、江戸時代《えどじだい》の終《お》わり（一八〇〇年代《ねんだい》の半《なか》ばごろ）に、斎藤拙堂《さいとうせつどう》という学者《がくしゃ》がつくったものだと言《い》われているよ。

斎藤拙堂《さいとうせつどう》は、中国《ちゅうごく》の学問《がくもん》を研究《けんきゅう》していたけれど、いいものは取《と》り入《い》れるべきだと言《い》って、西洋《せいよう》の戦術《せんじゅつ》や医術《いじゅつ》などを、藩《はん》（今《いま》の県《けん》のようなもの）の人《ひと》に学《まな》ばせたんだ。そして、日本《にっぽん》、

中国《ちゅうごく》、西洋《せいよう》のいいところを組《く》み合《あ》わせてよりよいものにしようと、「和洋折衷《わようせっちゅう》」をすすめたんだよ。

この「和洋折衷《わようせっちゅう》」の例《れい》としてよくあげられるのが、あんパンだ。あんこは日本《にっぽん》のもの、パンは西洋《せいよう》のものだよ。

明治時代《めいじじだい》（一八六八～一九一二年《ねん》）になって武士《ぶし》の時代《じだい》が終《お》わると、日本《にっぽん》には西洋《せいよう》からの文明《ぶんめい》がたくさん入《はい》ってきて、パンを食《た》べる習慣《しゅうかん》も伝《つた》わってきた。

そこで、木村屋《きむらや》というパン屋《や》さんが、あんことパンを合《あ》わせて、日本人《にほんじん》にも食《た》べやすいパンを考《かんが》えたんだよ。

このあんパンは、一八七五年《ねん》（明治八年《めいじねん》）に天皇《てんのう》にも献上《けんじょう》され、天皇《てんのう》はとても気《き》に入《い》ったそうだよ。四月四日《しがつよっか》は「あんぱんの日《ひ》」なんだけど、これは、明治天皇《めいじてんのう》にあんパンが献《けん》上《じょう》された日《ひ》を記念《きねん》してできたんだ。

また、みんなが大好《だいす》きな、たらこスパゲティや和風《わふう》ステーキなど、日本《にっぽん》の料理《りょうり》と西洋《せいよう》の料理《りょうり》を合《あ》わせたものは、「和洋折衷料理《わようせっちゅうりょうり》」といわれるよ。フランス料理《りょうり》のコースにお寿司《すし》が入《はい》っているようなものも、和洋折衷料理《わようせっちゅうりょうり》なんだ。

そのほか、明治時代《めいじじだい》に西洋《せいよう》から伝《つた》わった文明《ぶんめい》には、建築《けんちく》の方法《ほうほう》などもある。そこで、「和洋折衷建築《わようせっちゅうけんちく》」と言《い》われる建物《たてもの》がよく造《つく》られたんだ。屋根《やね》は日本風《にほんふう》の瓦《かわら》の屋根《やね》で、窓《まど》は西洋風《せいようふう》のアーチ型《がた》というような、日本建築《にほんけんちく》と西洋建築《せいようけんちく》がまざったようなおしゃれな建物《たてもの》だ。

今《いま》でも大切《たいせつ》に残《のこ》されているものは多《おお》いよ。

たとえば、長野県《ながのけん》にある旧開智学校《きゅうかいちがっこう》は、日本《にっぽん》でもっとも古《ふる》い小学校《しょうがっこう》の一《ひと》つといわれていて、和洋折衷建築《わようせっちゅうけんちく》の代表《だいひょう》だ。国《くに》の重要文化財《じゅうようぶんかざい》になっていて、見学《けんがく》することもできるんだよ。

今《いま》、みんなの家《いえ》でも、和室《わしつ》も洋室《ようしつ》もある家《いえ》は多《おお》いよね。これは、「和洋折衷住宅《わようせっちゅうじゅうたく》」といわれるんだよ。

「和洋折衷《わようせっちゅう》」は、生活《せいかつ》のなかで、あたりまえに取《と》り入《い》れられているんだ。みんなも、身《み》のまわりの「和洋折衷《わようせっちゅう》」を探《さが》してみてはどうだろう。

ところで、「和洋折衷《わようせっちゅう》」とよく似《に》た四字熟語《よじじゅくご》に、**「和魂漢才《わこんかんさい》」**というものがあるんだ。こちらは、少《すこ》しむずかしいけど、学問《がくもん》や考《かんが》え方《ほう》について使《つか》われる言葉《ことば》だ。

「和魂《わこん》」というのは、日本《にっぽん》のたましいのこと。「大和《やまと》だましい」とも言《い》われるものだ。また、「漢才《かんさい》」とは、中国《ちゅうごく》の知識《ちしき》という意味《いみ》なんだ。

最初《さいしょ》にふれたように、昔《むかし》、日本《にっぽん》には、中国《ちゅうごく》からいろいろな進《すす》んだ文化《ぶんか》や技術《ぎじゅつ》が伝《つた》わってきた。昔《むかし》の日本人《にほんじん》は、中国《ちゅうごく》の知識《ちしき》から、さまざまなことを学《まな》んでいたんだよ。

「和魂漢才《わこんかんさい》」には、日本《にっぽん》の精神《せいしん》と中国《ちゅうごく》の知識《ちしき》の二《ふた》つが合《あ》わさったものという意味《いみ》もある。中国《ちゅうごく》からの知識《ちしき》をそのまま受《う》け入《い》れるだけでなく、日本人《にほんじん》らしいしなやかな精神《せいしん》で、いろいろな状況《じょうきょう》に合《あ》わせて、その知識《ちしき》をうまく変《か》えて生《い》かしていく、ということなんだよ。

和洋折衷《わようせっちゅう》

和風《わふう》のものと西洋風《せいようふう》のものを適当《てきとう》にとり合《あ》わせること。

きょうの献立《こんだて》
夕食《ゆうしょく》は何《なに》が食《た》べたい?
うどんかな。
スパゲッティ!!
今夜《こんや》は和洋折衷《わようせっちゅう》になったわね。
どっちかにしてくれればいいのに…。
ズルズル

無《む》病《びょう》息《そく》災《さい》

みんなが願《ねが》う、健康《けんこう》の四字熟語《よじじゅくご》いろいろ

お寺《てら》や神社《じんじゃ》で「無病息災《むびょうそくさい》」と書《か》かれたお守《まも》りを見《み》たことはないかな？病気《びょうき》をしないで健康《けんこう》でいるという意味《いみ》だけど、日本《にっぽん》には、この「無病息災《むびょうそくさい》」を願《ねが》う行事《ぎょうじ》がたくさんあるんだよ。

まず、お正月《しょうがつ》。おせち料理《りょうり》に入《い》れる黒豆《くろまめ》は、「まめに（健康《けんこう》に）暮《く》らせますように」という意味《いみ》をこめて「無病息災《むびょうそくさい》」を願《ねが》うものだ。

それに続《つづ》いて、一月《いちがつ》の七草《ななくさ》がゆや鏡開《かがみびら》きも、一年《いちねん》の「無病息災《むびょうそくさい》」を願《ねが》うもの。春《はる》の七草《ななくさ》を入《い》れたおかゆや、鏡《かがみ》もちを入《い》れたぜんざいなどを食《た》べると、一年間元気《いちねんかんげんき》に過《す》ごせるといわれているよ。

また、節分《せつぶん》に自分《じぶん》の年《とし》の数《かず》だけ豆《まめ》を食《た》べるのも、「無病息災《むびょうそくさい》」を願《ねが》うものだ。

ひなまつりにひな人形《にんぎょう》をかざったり、こどもの日《ひ》に、ちまきを食《た》べたり菖蒲湯《しょうぶゆ》というショウブの葉《は》をうかべたおふろに入《はい》ったりするのも、「無病息災《むびょうそくさい》」を祈《いの》る行事《ぎょうじ》なんだ。

そのほか、お彼岸《ひがん》に食《た》べるおはぎやぼたもち、冬至《とうじ》の日《ひ》におふろにユズを入《い》れる柚子湯《ゆずゆ》なども、「無病息災《むびょうそくさい》」を願《ねが》うもの。また、全国《ぜんこく》で開《ひら》かれるいろいろなお祭《まつ》りも、「無病息《むびょうそく》災《さい》」を願《ねが》って行《おこな》われるものが多《おお》いんだよ。

ところでこの言葉《ことば》、「無病《むびょう》」は病気《びょうき》がないということだけど、じゃあ「息災《そくさい》」は？

「息災《そくさい》」とは、実《じつ》は仏教《ぶっきょう》からきた言葉《ことば》。「災《さい》」というのは災難《さいなん》のことで、「息《そく》」は防《ふせ》ぐということ。「息災《そくさい》」は、仏様《ほとけさま》の力《ちから》で、あらゆる災難《さいなん》をなくすという意味《いみ》なんだよ。

病気《びょうき》もなく、災難《さいなん》もなく、いつも元気《げんき》で明《あか》るく過《す》ごしたい、というのはみんながいちばん願《ねが》っていることかもしれないね。

また、「無病息災《むびょうそくさい》」とよく似《に》た言葉《ことば》で、**「一病息災《いちびょうそくさい》」**というのもある。これは、病気《びょうき》が一《ひと》つあると、災難《さいなん》なく暮《く》らせるという意味《いみ》なんだけど、どうしてだろう？

それは、まったく病気《びょうき》がない人《ひと》より、一《ひと》つぐらい病気《びょうき》のある人《ひと》のほうが、いつも健康《けんこう》に気《き》をつけて暮《く》らすので、かえって長生《ながい》きするものだ、ということなんだよ。

元気《げんき》な人《ひと》にはちょっとわかりにくいけど、どこか体《からだ》の弱《よわ》いところがある人《ひと》にとっては、たのもしい言葉《ことば》だね。

ほかにも、健康《けんこう》についての四字熟語《よじじゅくご》はいろいろあるよ。

たとえば、**「不老長寿《ふろうちょうじゅ》」**。年《とし》をとらず（不老《ふろう》）、長生《ながい》きする（長寿《ちょうじゅ》）という意味《いみ》だ。

つまり、年《とし》をとってもずっと若々《わかわか》しくて、老人《ろうじん》のようにならないで、元気《げんき》に生《い》きるということなんだけど、今《いま》のお年寄《としよ》りには、元気《げんき》な人《ひと》がとても多《おお》いね。きみたちの親《しん》せきにも、「不老長寿《ふろうちょうじゅ》」の人《ひと》がいるんじゃないかな。

同《おな》じような意味《いみ》で、**「不老不死《ふろうふし》」**もある。これは、長生《ながい》きするだけでなく、いつまでも年《とし》をとらず、死《し》なないという意味《いみ》だ。でも、それは、ちょっとこわいかもね……。

「不老不死《ふろうふし》」にはいろいろな伝説《でんせつ》があるんだ。

中国《ちゅうごく》では、秦《しん》という国《くに》の始皇帝《しこうてい》という王様《おうさま》が「不老不死《ふろうふし》」の薬《くすり》を求《もと》めて、徐福《じょふく》という人《ひと》に探《さが》してくるように命令《めいれい》したという話《はなし》がある。徐福《じょふく》は薬《くすり》をさがすために、日本《にっぽん》にまで来《き》たらしいよ。

また、始皇帝《しこうてい》は、家来《けらい》に命《めい》じて「不老不死《ふろうふし》」の薬《くすり》をつくらせたそうだ。でも、その薬《くすり》はできそこないで、薬《くすり》を飲《の》んだ始皇帝《しこうてい》は、逆《ぎゃく》に、早死《はやじ》にしてしまったんだって。

日本《にっぽん》では、有名《ゆうめい》な『竹取物語《たけとりものがたり》』（かぐやひめの物語《ものがたり》）のなかで、かぐやひめが月《つき》に帰《かえ》るときに、ひめのことが好《す》きだった天皇《てんのう》に「不老不死《ふろうふし》」の薬《くすり》をわたしたという話《はなし》がある。

天皇《てんのう》は、「かぐやひめに会《あ》えないのに不死《ふし》でいてもしかたがない」と言《い》って、この薬《くすり》を日本一高《にっぽんいちたか》い山《やま》の上《うえ》で燃《も》やさせたんだ。そのため、その山《やま》は「不死《ふし》の山《やま》」と呼《よ》ばれるようになり、それが、富士山《ふじさん》だと言《い》われているんだよ。

無病息災《むびょうそくさい》

病気《びょうき》をせず、健康《けんこう》でいること。元気《げんき》な様子《ようす》。

両方《りょうほう》は無理《むり》？
また昼寝《ひるね》してる……。
昼寝《ひるね》は健康《けんこう》にいいんだよ。無病息災《むびょうそくさい》ってやつさ。
のび太《た》!!
昼寝《ひるね》ばかりしているからこんな点《てん》とるのよ!!
ガミガミ
無病《むびょう》でも息災《そくさい》ってわけにはいかなそうだね。

油《ゆ》断《だん》大《たい》敵《てき》

油断《ゆだん》は油《あぶら》と関係《かんけい》があるらしい⁉

「油断《ゆだん》」という言葉《ことば》は、きみたちもよく使《つか》うよね。

試合《しあい》で、「相手《あいて》が弱《よわ》いと思《おも》って油断《ゆだん》してはいけない」などと言《い》うとき。

お母《かあ》さんが料理《りょうり》のときに、「ちょっと油断《ゆだん》したら包丁《ほうちょう》で指《ゆび》を切《き》っちゃったわ」。

調子《ちょうし》がよくてずるい人《ひと》には、「あの人《ひと》は、油断《ゆだん》ならない」なんて言《い》い方《かた》もするね。

「油断《ゆだん》」というのは、気《き》がゆるんで注意《ちゅうい》をおこたるという意味《いみ》だ。

そして**「油断大敵《ゆだんたいてき》」**とは、油断《ゆだん》は大《おお》きな敵《てき》、ということ。つまり、油断《ゆだん》すると大《おお》きな失敗《しっぱい》につながることがあるから注意《ちゅうい》しよう、という言葉《ことば》なんだ。

「油断大敵《ゆだんたいてき》」という言葉《ことば》は、『可笑記《かしょうき》』という、江戸時代《えどじだい》のエッセーのような本《ほん》のなかに出《で》てくるよ。

「武士《ぶし》が、よろいを着《き》て剣《けん》を持《も》っていても、油断《ゆだん》していねむりをするのは大敵《たいてき》だ。どんな子《こ》どもでも、この武士《ぶし》をほろぼすことができるだろう」

と、「油断《ゆだん》」は「大敵《たいてき》」だと言《い》っている。

でも、この「油断《ゆだん》」という言葉《ことば》は、どうやって生《う》まれたんだろう。

これには、次《つぎ》のようないくつかの説《せつ》があるよ。

一、インドのきびしい王様説《おうさませつ》

『涅槃経《ねはんぎょう》』という仏教《ぶっきょう》の経典《きょうてん》のなかに、こんなことが書《か》かれているんだ。

昔《むかし》、インドの王様《おうさま》が、家来《けらい》に命令《めいれい》した。

「油《あぶら》がいっぱい入《はい》った鉢《はち》（器《うつわ》）を持《も》って、繁華街《はんかがい》を歩《ある》け。こぼさないで行《い》くのだ。もし、一滴《いってき》でもこぼしたら、おまえの命《いのち》を断《た》つぞ（殺《ころ》すぞ）」

そう言《い》って、家来《けらい》の後《うし》ろに刀《かたな》を持《も》った人《ひと》を置《お》いて、見張《みは》らせたんだ。

人《ひと》がたくさんいるところを、器《うつわ》にたっぷり入《はい》った油《あぶら》をこぼさないで歩《ある》くなんて、とても大変《たいへん》だよね。ちょっとでも気《き》をぬいてはいけない。

この話《はなし》から、「油《あぶら》」と「（命《いのち》を）断《た》つ」から「油断《ゆだん》」が生《う》まれたといわれているんだ。

ちなみに、この家来《けらい》はなんとか無事《ぶじ》に油《あぶら》をこぼさずに歩《ある》ききることができたんだ。よかったね。

二、ゆったり説《せつ》

昔《むかし》の日本《にっぽん》の言葉《ことば》に、「寛《ゆた》に」というものがある。これは、「ゆったり」とか「のんびり」とかいう意味《いみ》だ。

この「ゆたに」が変化《へんか》して、「ゆだん」となったともいわれているよ。

三、消《き》えない灯《あか》り説《せつ》

滋賀県《しがけん》と京都府《きょうとふ》にまたがる比叡山《ひえいざん》にある、延暦寺《えんりゃくじ》というお寺《てら》の本堂《ほんどう》を根本中堂《こんぽんちゅうどう》という。ここに、「不滅《ふめつ》の法灯《ほうとう》」と言《い》われる灯《あか》りがある。七八八年《ねん》に最澄《さいちょう》というお坊《ぼう》さんが寺《てら》を開《ひら》いて以来《いらい》、千二百年以上《せんにひゃくねんいじょう》、一度《いちど》も火《ひ》が消《き》えたことがないと言《い》われているんだ。

千二百年前《せんにひゃくねんまえ》には電気《でんき》はない。エネルギーは油《あぶら》なんだ。この灯《あか》りを灯《とも》し続《つづ》けるために、今《いま》でも延暦寺《えんりゃくじ》のお坊《ぼう》さんは、毎日《まいにち》、油《あぶら》をつぎ足《た》しているんだよ。

つまり、油《あぶら》を断《た》つ（途切《とぎ》れさせる）と火《ひ》が消《き》えてしまう。ということで、「油《あぶら》」を「断《た》つ」から「油断《ゆだん》」という言葉《ことば》ができたとも言《い》われているよ。

この話《はなし》につながるようなおもしろい言葉《ことば》がある。「油断大敵《ゆだんたいてき》、火《ひ》がぼうぼう」だ。

これは、油断《ゆだん》したら火《ひ》がボウボウと燃《も》えて火事《かじ》になる、という意味《いみ》かと思《おも》っちゃいそうだけど、そうじゃない。漢字《かんじ》で書《か》くと「火《ひ》が亡亡《ぼうぼう》」で、「亡《ぼう》」はなくなるという意味《いみ》。油《あぶら》を断《た》つと火《ひ》が消《き》えてしまう、ということなんだ。

ともかく、「油断《ゆだん》」という言葉《ことば》がどうやって生《う》まれたとしても、油断《ゆだん》が大敵《たいてき》なのはまちがいない。気《き》を引《ひ》きしめましょうと、わたしたちに教《おし》えてくれる四字熟語《よじじゅくご》なんだね。

油断大敵《ゆだんたいてき》

油断《ゆだん》は失敗《しっぱい》のもとだから、おそろしい敵《てき》であるということ。油断《ゆだん》しないように気《き》をつけようという言葉《ことば》。

準備万端《じゅんびばんたん》？

弱《じゃく》肉《にく》強《きょう》食《しょく》

反対《はんたい》の意味《いみ》の漢字《かんじ》の四《よ》字熟語《じじゅくご》いろいろ

自然界《しぜんかい》は「弱肉強食《じゃくにくきょうしょく》」の世界《せかい》、というのを聞《き》いたことがないかな？

たとえば、ライオンがシカをおそう、タカが小鳥《ことり》をおそうなど、強《つよ》いものが弱《よわ》いものをおそってその肉《にく》を食《た》べるというのが、自然《しぜん》の法則《ほうそく》なんだ。

このような、弱《よわ》いものが強《つよ》いもののぎせいになることを、「弱肉強食《じゃくにくきょうしょく》」というんだけど、これは、動物《どうぶつ》の世界《せかい》だけでなく、人間《にんげん》の世界《せかい》にも当《あ》てはめて使《つか》われるんだよ。

芸能界《げいのうかい》などで、人気《にんき》のあるタレントがテレビにどんどん出《で》て、人気《にんき》のない人《ひと》が忘《わす》れられていく様子《ようす》なども、「弱肉強食《じゃくにくきょうしょく》」にたとえられるんだ。

人間界《にんげんかい》では、力《ちから》のある人《ひと》が勝《か》って力《ちから》のない人《ひと》が負《ま》けるというような、競争《きょうそう》のたとえに使《つか》われることが多《おお》いんだよ。

この言葉《ことば》、もともとは、中国《ちゅうごく》の韓愈《かんゆ》という人《ひと》が書《か》いた文章《ぶんしょう》のなかにある、「弱《じゃく》の肉《にく》は強《きょう》の食《しょく》」から生《う》まれたものだ。韓愈《かんゆ》は唐《とう》の時代《じだい》の文学者《ぶんがくしゃ》で政治家《せいじか》だった人《ひと》だよ。

その文章《ぶんしょう》のなかで韓愈《かんゆ》は、獣《けもの》（動物《どうぶつ》）は「弱肉強食《じゃくにくきょうしょく》」だけれども、私《わたし》たち人間《にんげん》は獣《けもの》とはちがう、と言《い》っているんだ。だから、韓愈《かんゆ》が今《いま》、人間界《にんげんかい》で「弱肉強食《じゃくにくきょうしょく》」という言葉《ことば》が使《つか》われているということを知《し》ると、悲《かな》しむかもしれないね。

ところで、この「弱肉強食《じゃくにくきょうしょく》」の「弱《じゃく》」と「強《きょう》」のように、反対《はんたい》の意味《いみ》の漢字《かんじ》が入《はい》っている四字熟語《よじじゅくご》はたくさんあるよ。いくつか、まとめて覚《おぼ》えてみよう。

●大同小異《だいどうしょうい》

「大同《だいどう》」は大《おお》きなところでは同《おな》じ、「小異《しょうい》」は小《ちい》さなところではちがうということで、細《こま》かいちがいはあるけど、だいたいは同《おな》じという意味《いみ》だ。

中国《ちゅうごく》の思想家《しそうか》、荘子《そうし》とその弟子《でし》たちが書《か》いたと言《い》われる、『荘子《そうじ》』という本《ほん》の中《なか》に出《で》てくる言葉《ことば》なんだ。荘子《そうし》というのは、「大器晩成《たいきばんせい》」の項目《こうもく》（90ページ）で出《で》てきた老子《ろうし》の後《あと》に、道教《どうきょう》の教《おし》えを広《ひろ》めた人《ひと》だよ。

ところで、ことわざに「**小異《しょうい》を捨《す》てて大同《だいどう》につく**」というものがある。小《ちい》さな意見《いけん》のちがいは無視《むし》して、大事《だいじ》なところが同《おな》じなら、その意見《いけん》にしたがう、という意味《いみ》だ。これは「大同小異《だいどうしょうい》」から生《う》まれた言葉《ことば》なんだよ。

●針小棒大《しんしょうぼうだい》

針《はり》のように小《ちい》さいものを棒《ぼう》のように大《おお》きくするということで、たいしたことのないことをとても大《おお》げさに言《い》う、という意味《いみ》だよ。

たとえば、ちょっとひざをすりむいただけなのに、包帯《ほうたい》をまいて大《おお》げさに痛《いた》がるような人《ひと》。または、となりの女子《じょし》が消《け》しゴムを貸《か》してくれただけで、「あの女子《じょし》はオレのことが好《す》きなんだ」と言《い》っちゃう男子《だんし》。

そんな「針小棒大《しんしょうぼうだい》」な人《ひと》、まわりにいないかな？

●晴耕雨読《せいこううどく》

「晴耕《せいこう》」は晴《は》れの日《ひ》に耕《たがや》すこと、「雨読《うどく》」は雨《あめ》の日《ひ》に読書《どくしょ》をすること。晴《は》れの日《ひ》は外《そと》に出《で》て田畑《たはた》を耕《たがや》し、雨《あめ》の日《ひ》は家《いえ》の中《なか》で本《ほん》を読《よ》むという意味《いみ》だけど、世間《せけん》のいろいろなめんどうなことからはなれて、のんびりと自由《じゆう》に暮《く》らすという、理想《りそう》の生活《せいかつ》を表《あらわ》しているんだ。

とくに、仕事《しごと》をやめてゆったりと生活《せいかつ》をする大人《おとな》が使《つか》うことが多《おお》い言葉《ことば》だよ。

●右往左往《うおうさおう》

「往《おう》」とは、行《い》くという意味《いみ》。右《みぎ》に行《い》ったり左《ひだり》に行《い》ったりと、うろうろしているという意《い》味《み》で、どうすればいいかわからなくて困《こま》っている様子《ようす》を表《あらわ》すんだ。

毎日《まいにち》の生活《せいかつ》のなかで、あわてて困《こま》ることはよくあるけど、そんなとき、この言葉《ことば》を思《おも》い出《だ》して「これを『右往左往《うおうさおう》』というんだな」と考《かんが》えると、少《すこ》し落《お》ち着《つ》くかもしれないね。

弱肉強食《じゃくにくきょうしょく》

力《ちから》の弱《よわ》いものが強《つよ》いもののえじきになること。力《ちから》の強《つよ》いものが勝《か》って、栄《さか》えること。

起《き》承《しょう》転《てん》結《けつ》

四《よっ》つの意味《いみ》の四字熟語《よじじゅくご》いろいろ

作文《さくぶん》を書《か》くときに、先生《せんせい》から「『**起承転結**《きしょうてんけつ》』を考《かんが》えて書《か》きましょう」と言《い》われたことはないかな？

これは、文章《ぶんしょう》を書《か》くときや話《はなし》をするときの、わかりやすい組《く》み立《た》て方《かた》のことなんだ。

「起《き》」は話《はなし》の始《はじ》まり、「承《しょう》」はその話《はなし》の続《つづ》き、「転《てん》」は何《なに》か変《か》わったことが起《お》こる（クライマックス）、「結《けつ》」は話《はなし》の結末《けつまつ》、という意味《いみ》なんだよ。

たとえば、シンデレラの物語《ものがたり》を例《れい》に説明《せつめい》してみよう。

「起《き》」は、シンデレラがまま母《はは》や姉《あね》にいじめられている。

「承《しょう》」は、お城《しろ》で舞踏会《ぶとうかい》が開《ひら》かれるけど、姉《あね》たちだけ行《い》ってシンデレラはお留守番《るすばん》。

「転《てん》」は、魔法使《まほうつか》いが現《あらわ》れてシンデレラは舞踏会《ぶとうかい》に行《い》き、王子《おうじ》とおどってガラスのくつを残《のこ》してくる。

「結《けつ》」は、ガラスのくつがぴったり合《あ》って、シンデレラは王子《おうじ》と結婚《けっこん》する。

という感《かん》じだ。「起承転結《きしょうてんけつ》」は、それぞれの話《はなし》の長《なが》さが同《おな》じである必要《ひつよう》はないんだよ。

では、この「起承転結《きしょうてんけつ》」のように、それぞれ別《べつ》の意味《いみ》をもつ四《よっ》つの漢字《かんじ》が集《あつ》まってできた四字熟語《よじじゅくご》を、見《み》てみよう。

●喜怒哀楽《きどあいらく》

漢字《かんじ》のとおり、「喜《き》」はよろこぶ、「怒《ど》」はおこる、「哀《あい》」はかなしむ、「楽《らく》」はたのしむ、という意味《いみ》だ。

そこから、人《ひと》のいろいろな感情《かんじょう》を表《あらわ》す言葉《ことば》として使《つか》われるよ。

たとえば、ちょっとしたことでも大喜《おおよろこ》びしたり、すぐ泣《な》いたりおこったりする人《ひと》のことを、「喜怒哀楽《きどあいらく》」のはげしい人《ひと》、と言《い》ったりするんだ。

●冠婚葬祭《かんこんそうさい》

「冠《かん》」は成人式《せいじんしき》、「婚《こん》」は結婚式《けっこんしき》、「葬《そう》」はお葬式《そうしき》、「祭《さい》」は先祖《せんぞ》を供養《くよう》する法事《ほうじ》などのことだよ。

成人式《せいじんしき》がどうして「冠《かん》」かというと、昔《むかし》の成人式《せいじんしき》は元服《げんぷく》といって、男子《だんし》がちょんまげを結《ゆ》って、冠《かんむり》という黒《くろ》いぼうしのようなものをかぶる儀式《ぎしき》だったことからきているんだ。

また、「祭《さい》」は祭祀《さいし》といって、神様《かみさま》や先祖《せんぞ》の霊《れい》をまつる行事《ぎょうじ》のことを表《あらわ》すんだよ。

この四《よっ》つの行事《ぎょうじ》は「四大礼式《よんだいれいしき》」といって、昔《むかし》は、人間《にんげん》が生《う》まれてから死《し》ぬまでの間《あいだ》に行《おこな》われる、家族《かぞく》や親《しん》せきにとって、とても大切《たいせつ》な行事《ぎょうじ》とされていたんだ。

でも今《いま》では、この四《よっ》つだけではなくて、子《こ》どもの七五三《しちごさん》や入学式《にゅうがくしき》、おじいちゃんやおばあちゃんの還暦《かんれき》など、ほかのいろいろな家族《かぞく》のお祝《いわ》いごとなども、「冠婚葬祭《かんこんそうさい》」というようになっているよ。

●花鳥風月《かちょうふうげつ》

漢字《かんじ》のとおり、花《はな》・鳥《とり》・風《かぜ》・月《つき》のことで、自然《しぜん》の美《うつく》しい風景《ふうけい》のことをいう言葉《ことば》だ。

テレビなどない昔《むかし》の人《ひと》にとって、花《はな》を見《み》たり、鳥《とり》の声《こえ》を聴《き》いたり、風《かぜ》を感《かん》じたり、月《つき》をながめたりと、自然《しぜん》に親《した》しむことが楽《たの》しみだった。そして、その自然《しぜん》の風景《ふうけい》を題材《だいざい》にして、詩《し》をよんだり、絵画《かいが》を描《か》いたりしたんだ。

そのため、「花鳥風月《かちょうふうげつ》」とは、そういう自然《しぜん》を相手《あいて》にした風流《ふうりゅう》な遊《あそ》びをさす言葉《ことば》でもあつたんだよ。

●**老若男女《ろうにゃくなんにょ》**

老人《ろうじん》も若者《わかもの》も男《おとこ》も女《おんな》も、ということで、あらゆる人々《ひとびと》という意味《いみ》だ。「ろうじゃくだんじょ」ではなく、「ろうにゃくなんにょ」という、むずかしい読《よ》み方《かた》をするから、大人《おとな》でもまちがえやすいよ。「老若男女《ろうにゃくなんにょ》を問《と》わず」というと、だれでも、という意味《いみ》になるんだよ。

起承転結《きしょうてんけつ》

もとは、中国《ちゅうごく》の詩《し》の構成《こうせい》のこと。そこから、文章《ぶんしょう》の基本的《きほんてき》な構成《こうせい》、物事《ものごと》の順序《じゅんじょ》や組《く》み立《た》てをいう。

「結《けつ》」がわからない

スネ夫《お》がマンガを貸《か》してくれたよ!!
へえ、珍《めずら》しい!!
あれ、この本《ほん》最後《さいご》のページが破《やぶ》れてる～!!
最後《さいご》どうなるかわからないままか……。

白《しら》河《かわ》夜《よ》船《ふね》

京《きょう》の都《みやこ》から生《う》まれた四《よ》字熟語《じじゅくご》

朝《あさ》、目《め》ざまし時計《どけい》が鳴《な》っても、どんなに起《お》こされても、全然目《ぜんぜんめ》がさめなくて眠《ねむ》り続《つづ》けていたってこと、きみにはないかな？　**「白河夜船《しらかわよふね》」**は、そんな四字熟語《よじじゅくご》だよ。

こんな話《はなし》から生《う》まれた言葉《ことば》なんだ。

ある人《ひと》が、「京都見物《きょうとけんぶつ》をしてきたよ」と言《い》った。でも、それはうそだった。

「京都《きょうと》ですか。白河《しらかわ》はどうでしたか？」

と聞《き》かれたけど、行《い》っていないのだからわからない。

白河《しらかわ》というからには川《かわ》だろう、と思《おも》ったその人《ひと》は、ごまかして言《い》った。

「白河《しらかわ》は、夜《よる》に船《ふね》で通《とお》ったから、眠《ねむ》っていてよくわからなかったなあ」

でも、白河《しらかわ》とは川《かわ》のことではなく、今《いま》の京都市左京区《きょうとしさきょうく》にある地名《ちめい》のことだったんだ。今《いま》、

京都《きょうと》に白川《しらかわ》という川《かわ》はあるけど、とても小《ちい》さくて浅《あさ》く、船《ふね》が通《とお》れるような川《かわ》ではない。

それで、その人《ひと》がほんとは京都《きょうと》に行《い》っていないと、うそがばれてしまったんだよ。

この話《はなし》から、「白河夜船《しらかわよふね》」とは、何《なに》があったかわからないほどよく眠《ねむ》っていることをいうようになった。また、うそをついていたことから、よく知《し》らないのに知《し》ったかぶりをする、という意味《いみ》も表《あらわ》すんだ（「よふね」は「よぶね」とも読《よ》むよ）。

「白河夜船《しらかわよふね》」という言葉《ことば》は、江戸時代《えどじだい》の初《はじ》めごろに出版《しゅっぱん》された『毛吹草《けふきぐさ》』という書物《しょもつ》にのっている。

だから、この言葉《ことば》は江戸時代初《えどじだいはじ》めより前《まえ》からあったものだと考《かんが》えられているよ。

ところで、「白河夜船《しらかわよふね》」のように、京都《きょうと》と関係《かんけい》のある四字熟語《よじじゅくご》はほかにもあるよ。

たとえば、「**山紫水明《さんしすいめい》**」。山《やま》は太陽《たいよう》の光《ひかり》を受《う》けて紫色《むらさきいろ》に映《は》え、川《かわ》の水《みず》は明《あか》るくすみきっているという意味《いみ》で、とても美《うつく》しい自然《しぜん》の風景《ふうけい》を表《あらわ》す言葉《ことば》だ。

これは、江戸時代《えどじだい》の学者《がくしゃ》で詩人《しじん》の頼山陽《らいさんよう》という人物《じんぶつ》がつくった言葉《ことば》といわれているよ。

頼山陽《らいさんよう》は、『日本外史《にほんがいし》』という歴史《れきし》の本《ほん》の作者《さくしゃ》として有名《ゆうめい》な人《ひと》。この本《ほん》は江戸時代《えどじだい》の終《お》わりにベストセラーになって、幕府《ばくふ》をたおそうとした人《ひと》たちに大《おお》きな影響《えいきょう》を与《あた》えたんだ。

京都《きょうと》に住《す》んでいた頼山陽《らいさんよう》は、何度《なんど》か引《ひ》っ越《こ》しをして、ある家《いえ》から見《み》える風景《ふうけい》が気《き》に入《い》った。そこで山陽《さんよう》は、その家《いえ》を「山紫水明処《さんしすいめいしょ》」と名付《なづ》けたんだ。

それでも、まだ満足《まんぞく》できなくて、また引《ひ》っ越《こ》しを繰《く》り返《かえ》し、やっと満足《まんぞく》のいく風景《ふうけい》の家《いえ》を見《み》つけたんだよ。そこからは、美《うつく》しい東山《ひがしやま》と鴨川《かもがわ》をながめることができたんだ。

山陽《さんよう》はその家《いえ》を「水西荘《すいせいそう》」と名付《なづ》けて、ここで『日本外史《にほんがいし》』を書《か》き上《あ》げた。

そして、その家《いえ》に新《あたら》しく離《はな》れの書斎《しょさい》をつくり、前《まえ》の家《いえ》の名前《なまえ》をとって「山紫水明処《さんしすいめいしょ》」としたんだよ。

この頼山陽《らいさんよう》の「山紫水明処《さんしすいめいしょ》」は、今《いま》も残《のこ》っているよ。

京都《きょうと》についての四字熟語《よじじゅくご》を、もう一《ひと》つあげてみよう。

「京都《きょうと》の**八百八寺**《はっぴゃくやでら》」という言葉《ことば》がある。これは、京都《きょうと》にお寺《てら》が多《おお》いことをいう言葉《ことば》だ。

「八百八《はっぴゃくや》」といっても本当《ほんとう》に八百八《はっぴゃくはち》ではなくて、たくさんの数《かず》ということなんだよ。実際《じっさい》は京都市《きょうとし》だけでも、千六百《せんろっぴゃく》ぐらいのお寺《てら》があるそうだよ。

これと並《なら》んで、「江戸《えど》の**八百八町**《はっぴゃくやちょう》」、「浪華《なにわ》の**八百八橋**《はっぴゃくやばし》」という言葉《ことば》もあるよ。

江戸《えど》とは、今《いま》の東京《とうきょう》のこと。「大江戸八百八町《おおえどはっぴゃくやちょう》」という言葉《ことば》を、時代劇《じだいげき》などで聞《き》いたことはないかな。

江戸《えど》には町《まち》がたくさんあることをさす言葉《ことば》で、江戸《えど》の町《まち》そのもののこともいうよ。でも、江戸《えど》の町《まち》も、本当《ほんとう》は八百八《はっぴゃくはち》よりもたくさんあったようだ。

また、浪華《なにわ》とは、今《いま》の大阪《おおさか》のこと。「八百八橋《はっぴゃくやばし》」は、浪華《なにわ》には川《かわ》が多《おお》くて橋《はし》がたくさんあることをさす言葉《ことば》だ。でも、大阪《おおさか》の橋《はし》は、本当《ほんとう》は二百《にひゃく》ぐらいしかなかったらしいよ。

こんなふうに、それぞれの町《まち》の特徴《とくちょう》を表《あらわ》す四字熟語《よじじゅくご》があるのも、おもしろいね。

白河夜船《しらかわよふね》

知《し》らないのに知《し》っているような顔《かお》をすること。または、ぐっすり寝込《ねこ》んでいて何《なに》が起《お》こったかまったく知《し》らないこと。

ぐっすり
先生《せんせい》が、きょうの日直《にっちょく》呼《よ》んでるけど、誰《だれ》？
きょうは白河《しらかわ》くんだよ。
お〜い、白河《しらかわ》く〜ん!!
ねえ、白河《しらかわ》くん。呼《よ》んでるわよ。
アハハ、これが本当《ほんとう》の……。
白河夜船《しらかわよふね》……なんてね

百《ひゃっ》鬼《き》夜《や》行《こう》

こわ〜い四字熟語《よじじゅくご》で、
ドキドキ！

夜中《よなか》、おばけたちは、大勢《おおぜい》でむれになって歩《ある》き回《まわ》っているらしい。おばけといっても、死《し》んだ人《ひと》が化《ば》けて出《で》る幽霊《ゆうれい》ではなく、きみたちもアニメなどで見《み》たことがありそうな、妖怪《ようかい》たちだ。

そんなおばけたちの行進《こうしん》を**「百鬼夜行《ひゃっきやこう》」**というよ。

「ひゃっきやこう」は「ひゃっきやぎょう」とも読《よ》む。ゲームやアニメなどで知《し》っている人《ひと》もいるかもしれないね。

「百鬼《ひゃっき》」とは百《ひゃく》の鬼《おに》だけど、数《かず》が百《ひゃく》と決《き》まっているわけでも鬼《おに》だけでもない。たくさんの妖怪《ようかい》という意味《いみ》だ。「百《ひゃく》」はたくさんという意味《いみ》を表《あらわ》すことも多《おお》いんだよ。

「百鬼夜行《ひゃっきやこう》」は、平安時代《へいあんじだい》（七九四〜一一八五年《ねん》）ぐらいから日本《にっぽん》の物語《ものがたり》や伝説《でんせつ》の本《ほん》に出《で》てくるから、かなり昔《むかし》から知《し》られていたようだ。

また、『百鬼夜行絵巻《ひゃっきやこうえまき》』という絵巻物《えまきもの》にも、「百鬼夜行《ひゃっきやこう》」の様子《ようす》が描《えが》かれているよ。

鬼《おに》や、犬《いぬ》やネコなどのいろいろな動物《どうぶつ》の妖怪《ようかい》たちが、おどるように歩《ある》いている。

また、頭《あたま》が二《ふた》つだったり目《め》が一《ひと》つだったり、顔《かお》から手足《てあし》が生《は》えていたり首《くび》がのびていたりするような、人《ひと》の形《かたち》をした妖怪《ようかい》もたくさんいる。

さらに、ほうきやおかま、布《ぬの》やわらじなどの日常生活《にちじょうせいかつ》で使《つか》われる道具《どうぐ》の妖怪《ようかい》や、琴《こと》や琵琶《びわ》などの楽器《がっき》の妖怪《ようかい》など、おかしな形《かたち》の妖怪《ようかい》たちが、ぞろぞろと行進《こうしん》しているんだ。

……やがて、夜《よ》が明《あ》けて朝日《あさひ》がのぼると、「百鬼夜行《ひゃっきやこう》」は、いなくなってしまうんだ。妖怪《ようかい》たちは、太陽《たいよう》の光《ひかり》がきらいなんだね。

昔《むかし》は、「百鬼夜行《ひゃっきやこう》」に出会《であ》ったら死《し》ぬといわれていた。でも、出会《であ》った人《ひと》がお経《きょう》を読《よ》んだり、着《き》ている服《ふく》にお経《きょう》が書《か》かれていたりして助《たす》かったという話《はなし》もあるんだ。妖怪《ようかい》たちは、太陽《たいよう》だけでなく、お経《きょう》にも弱《よわ》いらしいよ。

そんな、たくさんの妖怪《ようかい》たちがうろうろしている様子《ようす》から、「百鬼夜行《ひゃっきやこう》」は、いろいろなあやしい人《ひと》たちがあやしいことをしている様子《ようす》を表《あらわ》す言葉《ことば》にもなったんだ。

たとえば「政治《せいじ》の世界《せかい》は百鬼夜行《ひゃっきやこう》だ」などという言《い》い方《かた》も、よくされるよ。

そんな「百鬼夜行《ひゃっきやこう》」と似《に》たような使《つか》われ方《かた》をする言葉《ことば》が、「魑魅魍魎《ちみもうりょう》」だ。こちらは、たくさんのお化《ば》けのことをいうんだ。

もともとは、「魑魅《ちみ》」というのは山《やま》の妖怪《ようかい》、「魍魎《もうりょう》」というのは川《かわ》の妖怪《ようかい》といわれていて、別々《べつべつ》の化《ば》け物《もの》のこと。どちらも、人《ひと》に悪《わる》さをするんだ。

この二《ふた》つが合《あ》わさった「魑魅魍魎《ちみもうりょう》」とは、妖怪《ようかい》だけでなく、精霊《せいれい》や幽霊《ゆうれい》、怪物《かいぶつ》など、あらゆる化《ば》け物《もの》のことをいうようになったんだよ。

そこから、あやしい人《ひと》がうごめいている様子《ようす》をたとえて、「魑魅魍魎《ちみもうりょう》」というようになったんだ。とくに、自分《じぶん》の利益《りえき》のために悪《わる》だくみをする人《ひと》たちをいうよ。

よく例《れい》にあげられるのは、やはり政治家《せいじか》。「政治《せいじ》の世界《せかい》には、魑魅魍魎《ちみもうりょう》がばっこしている」なんて言《い》われる。「ばっこする」とは、好《す》き勝手《かって》にのさばっているという意味《いみ》なんだ。

もう一《ひと》つ、化《ば》け物《もの》の四字熟語《よじじゅくご》を紹介《しょうかい》しよう。

「妖怪変化《ようかいへんげ》」というのがある。

「妖怪《ようかい》」も「変化《へんげ》」も化《ば》け物《もの》のことで「魑魅魍魎《ちみもうりょう》」と同《おな》じ意味《いみ》だけど、こちらは、あまりたとえ話《ばなし》には使《つか》われない。また、字《じ》のせいか、「魑魅魍魎《ちみもうりょう》」よりもこわい感《かん》じがしないね。

こんなふうに、同《おな》じ意味《いみ》の言葉《ことば》でも、漢字《かんじ》によって受《う》ける印象《いんしょう》が変《か》わることがある。画《かく》数《すう》の多《おお》い漢字《かんじ》は、なんだかあやしい気《き》がするよね。

ところで、「百鬼夜行《ひゃっきやこう》」に会《あ》いたいなんて思《おも》って、夜中《よなか》にうろうろ出歩《である》いてはダメだよ。夜道《よみち》には、「魑魅魍魎《ちみもうりょう》」や「妖怪変化《ようかいへんげ》」がうようよしているかも。本当《ほんとう》にこわい化《ば》け物《もの》は、人間《にんげん》の形《かたち》をしていることが多《おお》いのだから……。

百鬼夜行《ひゃっきやこう》

さまざまな妖怪《ようかい》が列《れつ》をなして夜歩《よるある》くこと。または、多《おお》くの人々《ひとびと》が集《あつ》まり、あやしい行動《こうどう》をすること。

古《こ》今《こん》東《とう》西《ざい》

東西《とうざい》だけで、あらゆる方角《ほうがく》を表《あらわ》す？

「古今東西《ここんとうざい》ゲーム」というのを知《し》ってるかな？　「山手線《やまのてせん》ゲーム」ともいわれるもので、お楽《たの》しみ会《かい》などでやると、盛《も》り上《あ》がるゲームだよ。

お題《だい》を決《き》めて、そのお題《だい》の言葉《ことば》を順番《じゅんばん》に言《い》っていくんだ。たとえば最初《さいしょ》の人《ひと》が、「古今東西《ここんとうざい》、国《くに》の名前《なまえ》」などのお題《だい》を出《だ》して、次《つぎ》の人《ひと》から、「日本《にっぽん》」↓「フランス」↓「ドイツ」↓「中国《ちゅうごく》」↓……など、どんどん国《くに》の名前《なまえ》を一《ひと》つずつ言《い》っていく。同《おな》じ言葉《ことば》を言《い》ったり、言《い》えなくなったりしたら、アウトだ。

この**「古今東西《ここんとうざい》」**というのは、ふだんからとてもよく使《つか》われる四字熟語《よじじゅくご》なんだよ。

「その博物展《はくぶつてん》には、古今東西《ここんとうざい》のめずらしい品物《しなもの》が集《あつ》められています」

「古今東西《ここんとうざい》を見回《みまわ》しても、こんなにふしぎな出来事《できごと》はあまりない」

というようなことを、テレビなどで耳《みみ》にしたこともあるんじゃないかな？　昔《むかし》から今《いま》まであらゆる所《ところ》で、という意味《いみ》で、いつでもどこでも、ということを表《あらわ》す言葉《ことば》なんだ。

でも、「古今《ここん》」は昔《むかし》と今《いま》だとわかるけど、どうして「東西《とうざい》」なのかな？　「古今南北《ここんなんぼく》」や「古今東南《ここんとうなん》」じゃないのはどうしてだろう？

「東西《とうざい》」というのは、ふつうは東《ひがし》と西《にし》のことで、**「東西南北《とうざいなんぼく》」**があらゆる方向《ほうこう》だと思《おも》うよね。だけど、実《じつ》は「東西《とうざい》」にも、あちこち、あらゆる方角《ほうがく》、という意味《いみ》があるんだよ。

たとえば、「東西《とうざい》を失《うしな》う」という言葉《ことば》がある。これは、方向《ほうこう》がわからなくて道《みち》に迷《まよ》ってしまったときなどに使《つか》われる言葉《ことば》で、途方《とほう》に暮《く》れる、という意味《いみ》も表《あらわ》すんだ。

また、すもうや歌舞伎《かぶき》などが始《はじ》まるときなどに、「とざい、とうざい」という声《こえ》がかかることがある。これは、「東西《とうざい》、東西《とうざい》」をリズムをつけて言《い》っているもので、東西声《とざいごえ》といわれるかけ声《ごえ》だ。観客席《かんきゃくせき》のすみからすみまで、という意味《いみ》で、お客《きゃく》さんに、「これから始《はじ》まるからお静《しず》かに」と呼《よ》びかけているんだよ。

ほかに、東西《とうざい》が入《はい》った四字熟語《よじじゅくご》に**「東奔西走《とうほんせいそう》」**がある。これは、目的《もくてき》を果《は》たすために、東《ひがし》へ西《にし》へと、あちこち忙《いそが》しく走《はし》り回《まわ》るという意味《いみ》だ。ここでも、東《ひがし》と西《にし》で、あらゆる方向《ほうこう》という意味《いみ》を表《あらわ》しているんだね。

ところで、ここまで、たくさんの四字熟語《よじじゅくご》を見《み》てきたね。四字熟語《よじじゅくご》にも、古今東西《ここんとうざい》あることがわかっただろう。

ぜひ、友達《ともだち》と「古今東西《ここんとうざい》、四字熟語《よじじゅくご》ゲーム」などをやって、楽《たの》しみながら四字熟語《よじじゅくご》をたくさん覚《おぼ》えて使《つか》ってみてほしい。きっと、きみの言葉《ことば》の世界《せかい》が広《ひろ》がるよ。

古今東西《ここんとうざい》

昔《むかし》から今《いま》までと、すべての場所《ばしょ》。いつでも、どこでも。

すごいシンガー
シンガーソングライターでときどきリサイタルもやっててレコードも出《だ》している。
こんなすごい小学生《しょうがくせい》シンガーは古今東西《ここんとうざい》いないよなあ。
う、うん。
こんな下手《へた》なシンガーも古今東西《ここんとうざい》いないけどね。

主な参考文献

『全釈漢文大系 第二十二巻 孫子・呉子』
著／山井湧　編／全釈漢文大系刊行会　（集英社　1975）
『全釈漢文大系 第十七巻 荘子　下』
著／赤塚忠　編／全釈漢文大系刊行会　（集英社　1977）
『漢書 上巻』訳／小竹武夫　（筑摩書房　1977）
『国史大辞典』編／国史大辞典編集委員会　（吉川弘文館　1979～1997）
『全釈漢文大系 第一巻 論語』
著／平岡武夫　編／全釈漢文大系刊行会　（集英社　1980）
『中国古典詩聚花 政治と戦乱 1』監修／前野直彬　著／横山伊勢雄　（小学館　1984）
『中国古典詩聚花 歳時と風俗 6』
監修／前野直彬　著／中島敏夫・市川桃子・斎藤茂　（小学館　1985）
『中国名言名句の辞典』編／尚学図書　（小学館　1989）
『列子 2』（東洋文庫534）　著／福永光司　（平凡社　1991）
『日本大百科全書　改訂版』編／小学館　（小学館　1994）
『無門関』（岩波文庫）　訳注／西村恵信　（岩波書店　1994）
『日本国語大辞典　第二版』編／小学館　（小学館　2000～2002）
『例解学習ことわざ辞典　第二版』編／小学館国語辞典編集部　（小学館　2002）
『名言・名詩・故事から生き方を学ぶ 中国古典の便利辞典』
監修／向嶋成美　（小学館　2007）
『世界の故事名言ことわざ総解説　改訂第12版』著／江川卓　（自由国民社　2017）

四字熟語《よじじゅくご》クイズ②の答《こた》え

108ページの答《こた》えは、❸の「教師《きょうし》」。

その人《ひと》や物事《ものごと》を見《み》ることによって、こうなってはいけないと思《おも》ったり、反省《はんせい》したりして教《おし》えられるということから、「反面教師《はんめんきょうし》（先生《せんせい》）」となったんだ。

日本《にっぽん》のことわざの「人《ひと》のふり見《み》てわがふり直《なお》せ」と同《おな》じ意味《いみ》なんだよ。

五十音《ごじゅうおん》さくいん

この本《ほん》に出《で》てきた「四字熟語《よじじゅくご》」と、それに関連《かんれん》する「ことわざ」「慣用句《かんようく》」などを、五十音順《ごじゅうおんじゅん》に並《なら》べたよ。

Shogakukan Junior Bunko

★小学館ジュニア文庫★

ドラえもん 5分でドラ語り 四字熟語ひみつ話

2017年10月30日　初版第１刷発行

原作／藤子・F・不二雄
キャラクター監修／藤子プロ
監修／深谷圭助

発行人／立川義剛
編集人／吉田憲生
編集／楠元順子

発行所／株式会社　小学館
〒101-8001　東京都千代田区一ツ橋２－３－１
電話　編集　03-3230-5455
販売　03-5281-3555

印刷・製本／中央精版印刷株式会社

文／今村恵子（フォルスタッフ）
２コママんが・四字熟語博士イラスト／如月たくや
２コママんが構成／松田辰彦
デザイン／沖田 環

★本書の無断での複写（コピー）、上演、放送等の二次利用、翻案等は、著作権法上の例外を除き禁じられています。本書の電子データ化などの無断複製は著作権法上の例外を除き禁じられています。代行業者等の第三者による本書の電子的複製も認められておりません。
★造本には十分注意しておりますが、印刷、製本など製造上の不備がございましたら、「制作局コールセンター」（フリーダイヤル0120-336-340）にご連絡ください。
（電話受付は土・日・祝休日を除く9:30～17:30）

©藤子プロ・小学館 2017
Printed in Japan　　ISBN 978-4-09-231196-1